cl∨

Christliche Literatur-Verbreitung e. V.
Ravensberger Bleiche 6 · 33649 Bielefeld

Der Lohn einer Mutter

Ein Monats-Andachtsbuch

1. Auflage 2016
2. Auflage 2017
3. Auflage 2018
4. Auflage 2018
5. Auflage 2020

Das Buch erschien ursprünglich 1957 in englischer
Sprache unter dem Titel »A Mother's Wages« im
Verlag Moody Press (Chicago, USA).

© der deutschen Ausgabe 2016 by CLV
Christliche Literatur-Verbreitung
Ravensberger Bleiche 6 · 33649 Bielefeld
Internet: www.clv.de

Text-Ergänzungen sowie Überarbeitung
als Andachtsbuch:
Elisabeth Weise, Köln
Umschlag und Satz: Anne Caspari, Marienheide
Druck und Bindung: GGP Media GmbH, Pößneck

Artikel-Nr. 256351
ISBN 978-3-86699-351-8

Inhalt

Gott wird Dir Deinen Lohn geben!

·· • ··

Als die ägyptische Prinzessin das Baby Mose seiner Mutter in den Arm legte, tat sie das mit dem Versprechen: »Nimm dieses Kind mit und stille es mir, und ich werde dir deinen Lohn geben« (2. Mose 2,9).

Im wahrsten Sinn des Wortes sagt Gott dasselbe zu jeder Frau, der er ein Baby schenkt. Mit Recht sagt die Bibel, dass »Leibesfrucht eine Belohnung« ist (Psalm 127,3). Eine Mutter ist wahrscheinlich die am höchsten beschenkte Person im Universum.

Wie wunderbar ist doch diese Belohnung!

Sie fängt schon mit diesem geheimnisvollen Glanz der Vorfreude vor der Geburt des Kindes an und wird größer, wenn die Mutter ihr neugeborenes Baby liebt und umsorgt. Es wäre unmöglich, all die Freuden aufzuzählen, die eine Mutter dann im Laufe der Jahre erlebt, während sie am Wachstum ihres Kindes Anteil nimmt. Wie lässt sich ihr stilles Glücksgefühl in Worte fassen, wenn sie die Entwicklung und die Fortschritte ihres Kindes beobachtet? Oder wenn das heranwachsende Kind plötzlich Freude am Lesen findet, wenn es ohne Aufforderung ehrliche Dankbarkeit zeigt, wenn die Mutter es in seinem Zimmer unvermutet beim Beten antrifft oder wenn es klar die Wahrheit sagt, obwohl Lügen einfacher gewesen wäre? Die Liste der Freuden und Belohnungen einer erfolgreichen Mutterschaft ist endlos fortsetzbar!

Doch trotz dieser vielen Freuden und schönen Seiten wird die Berufung zur Mutterschaft oft als einengend, aufreibend oder gar als nebensächlich empfunden. Viele Mütter sehnen sich nach der Zeit, wenn ihre Kinder »endlich aus dem Gröbsten raus sind«, oder beneiden kinderlose Frauen um deren größere Freiräume und Möglichkeiten. Dazu kommt, dass in der heutigen Zeit die Rolle der Mutter in der Erziehung und Entwicklung eines Kindes heruntergespielt und ihre Arbeit oft genug verachtet wird. Erzieher, Lehrer und Therapeuten seien die »Profis« in diesem Bereich, und je mehr Zeit ein Kind in ihrer Obhut verbringt, desto besser sei es – so will man uns weismachen. Die Frau dagegen, die es als Aufgabe sieht, sich über Jahre hinweg schwerpunktmäßig um die eigene Familie zu kümmern, wird oft belächelt und bemitleidet. Dieses gesellschaftliche Klima führt dazu, dass sich auch viele christliche Mütter in ihrem Alltag verunsichert und überfordert fühlen – oder die Zeit kaum erwarten können, in der sie weniger gebunden sind und endlich wieder »wichtigere Aufgaben« im Reich Gottes übernehmen können.

Dieses Buch will Dir in 31 kurzen Kapiteln – für jeden Tag im Monat eines – die Wichtigkeit und Vielfältigkeit Deiner Aufgaben als Mutter zeigen. Es ist kein Buch, das in einem Zug durchgelesen werden sollte. Denn Ratschläge in hoher Dosierung wirken ermüdend! Aber vielleicht findest  Du einen Zeitpunkt am Tag, an dem Du jeweils ein Kapitel lesen, darüber beten und Dir über dieses Detail Deiner Berufung als Mutter Gedanken machen kannst. Du hast eine wunderschöne und elementar wichtige Aufgabe von Gott bekommen. Selbst wenn niemand Deine Arbeit wertschätzt – Gott wird Dir Deinen Lohn geben!

Um der Ehrlichkeit willen muss hinzugefügt werden, dass diese gesammelten Gedanken und Vorschläge nicht von einer Mutter kommen, die selbst schon »am Ziel« ist. Sie stammen von einer Mutter, die täglich gerade mit den hier besprochenen Problemen zu kämpfen hat. Ja, wirklich: Wäre ich nicht eindeutig so geführt worden, dieses Buch zu schreiben, würde es mir verrückt erscheinen, wenn jemand, der sich selbst noch irgendwo auf der Rennbahn abkämpft, anderen Tipps gibt, wie sie das Rennen gewinnen können! Aber für jeden von uns liegt eine große Hoffnung in den Worten:

»Wer ist fähig zu diesen Dingen? … Unsere Befähigung kommt von Gott.«

vgl. 2. Korinther 2,16 · 3,5

Ganz sicher wird der Gott, der uns unsere Kinder gab, uns auch helfen, sie so zu erziehen, dass wir uns nicht zu schämen brauchen, wenn wir einmal vor ihm stehen!

Bekehrung

·····

»Daher, wenn jemand in Christus ist,
da ist eine neue Schöpfung;
das Alte ist vergangen, siehe,
Neues ist geworden.«

2. Korinther 5,17

Vor einigen Jahren, als unser einjähriger Sohn sich einmal tollkühn über das obere Treppengeländer hängen ließ, rief seine dreijährige Schwester entsetzt von unten: »Pass bloß auf, Jan! Gott hat dich einmal gemacht. Er wird dich bestimmt nicht ein zweites Mal machen!« Ihre schwesterliche Sorge um den jüngeren Bruder war zwar bewundernswert, aber ihre Theologie war eindeutig verkehrt. Die wunderbare Wahrheit ist nämlich, dass Gott uns ein zweites Mal machen will und kann! »Daher, wenn jemand in Christus ist, da ist eine neue Schöpfung; das Alte ist vergangen, siehe, Neues ist geworden« (2. Korinther 5,17).

Sicher erinnerst Du Dich noch an den Tag, an dem Dein Kind zur Welt kam. An den ersten Atemzug, den ersten Schrei. Ein neues Leben war geboren – ein neues physisches Leben. Aber das ist nicht die einzige Art von Leben. Jesus Christus sagt, dass jeder, der in Gemeinschaft mit Gott leben und ihn erkennen möchte, eine zweite Geburt erfahren muss. Er braucht geistliches Leben. Jesus erklärte Nikodemus: »Wenn jemand nicht von neuem geboren wird, so kann er das Reich Gottes nicht sehen« (Johannes 3,3). Die physische Geburt ist solch ein erstaunlicher, wundersamer Vorgang, dass selbst der größte Gynäkologe ihn nicht vollständig erklären kann. Zum Glück muss man nicht alles wissen, was ein Arzt weiß, um ein Baby zur Welt bringen zu können! Genauso wenig muss man ein Theologe sein oder komplett verstehen, was Bekehrung bedeutet, um die Neugeburt zu erfahren.

Wie kannst Du Dich bekehren und dieses neue Leben bekommen? Ich würde Dir vorschlagen, dass Du in der Bibel einen der Berichte von Jesu Sterben am Kreuz liest (Lukas 23 oder Johannes 19). Dann kannst Du niederknien und mit einfachen Worten Gott für den Tod seines Sohnes danken. Sage ihm, dass Du glaubst, dass Jesu Sterben Dir die Vergebung Deiner Sünden, ewiges Leben und den Himmel erkauft hat. Wenn Du in einfachem Glauben zu Gott kommst, dann greift er ein und vollbringt das Wunder der Neugeburt. Er hat versprochen: »Wer zu mir kommt, den werde ich nicht hinausstoßen!« (Johannes 6,37). Wen der Vater aufnimmt, den macht er für ewig zu seinem Kind und gibt ihm den Heiligen Geist, um in seinem Herzen zu wohnen.

Eine Mutter sollte sich nicht nur sicher sein, dass sie selbst zu Christus gekommen ist und diesen erstaunlichen Segen der Sündenvergebung und Errettung bekommen hat. Es sollte auch ihr allererstes Anliegen für ihre Kinder sein! Es gibt viele schöne Dinge, die Du für Dein Kind tun kannst. Und sicher gibt es eine Reihe von Fertigkeiten, die Du Deinem Kind unbedingt beibringen möchtest. Dazu gehören vielleicht gute Manieren, Klavier spielen, gründliches Zähneputzen, das Erlernen einer Fremdsprache. Aber Deine allererste Verantwortung als gläubige Mutter ist, Deinem Kind den Weg zu Gott zu zeigen. Natürlich kannst Du Dein Kind nicht bekehren. Aber Du kannst dafür leben und in das Ziel investieren, dass Dein Kind gläubig und ein treuer Nachfolger Jesu wird. Es ist eine unvergleichliche Freude, wenn eine Mutter weiß, dass ihr Kind Gottes wunderbare Gabe des ewigen Lebens angenommen hat und darin wächst. »Denn der Lohn der Sünde ist der Tod, die Gnadengabe Gottes aber ewiges Leben in Christus Jesus, unserem Herrn« (Römer 6,23). »Ich habe keine größere Freude als dies, dass ich höre, dass meine Kinder in der Wahrheit wandeln« (3. Johannes 4).

Jüngeren Menschen fällt es in der Regel leichter, Jesus Christus anzunehmen, als älteren Menschen. Kaufe deshalb insbesondere die Zeit aus, die Du mit Deinem kleinen Kind hast! Als Mutter bist Du neben dem Vater die wichtigste Person im Leben Deines Kindes. Nutze den einzigartigen Einfluss und die vielfältigen Möglichkeiten, die Gott Dir – und nur Dir – gegeben hat! In diesem Buch wirst Du sicherlich einige gute Anstöße und Anregungen dazu bekommen. Die Fragen zum Nachdenken sollen Dir helfen, das Gelesene auf Dein eigenes Leben anzuwenden. Nimm Dir die nötige Zeit dafür!

Zum Nachdenken:
- Wann habe ich Gott das letzte Mal für meine Errettung und das neue Leben gedankt?
- Wenn ich meinen Tag anschaue: Wie viel Zeit, Kreativität und Energie investiere ich in »geistliche Ziele« für mein Kind?

Impuls für den Tag:

······

Du kannst dein Kind nicht bekehren,
aber Du kannst dafür leben und in
das Ziel investieren, dass es gläubig
und ein treuer Nachfolger Jesu wird.

······

Gebet

····•····

»Das inbrünstige Gebet
eines Gerechten vermag viel.«

Jakobus 5,16

Wie gut kann man verstehen, dass die geistlich ge-
sinnten Mütter ihre Kinder zu Christus brachten,
damit er sie segnete (Markus 10,13-17)! Doch wie
schwer ist es zu verstehen, dass so viele Mütter heute das nicht
tun, obwohl sie behaupten, gläubig zu sein! Welche Kinder sind
wirklich reich? Welche Kinder sind zu beneiden? Es sind die,
die von ihren Eltern im Gebet getragen werden.

Selbst die weisesten Menschen vermögen nicht gänzlich zu er-
gründen, was das Gebet ist und was es bewirkt. Eines der vielen erstaunlichen Dinge am Gebet ist, dass die, die am meisten
beten, am festesten von seiner Kraft überzeugt sind. Sicher gibt
es viele Fragen, die mit dem Beten verbunden sind. Am schwie-
rigsten zu verstehen sind vielleicht die Zeiten, in denen man

so ernstlich wie nur irgend möglich betet, sich ganz im Zentrum des Willens Gottes glaubt und doch offensichtlich keine Antwort auf sein Gebet erhält. Für solche dunklen Zeiten, wenn es so scheint, als habe Gott uns im Stich gelassen, gilt das erhabene Trostwort, das Christus Johannes dem Täufer in einer solchen Lage schickte: »Glückselig ist, wer irgend nicht an mir Anstoß nimmt« (Lukas 7,23).

Und doch, trotz verwirrender Zeiten, wissen alle Beter, dass Gott Gebet erhört. Es macht immer noch einen himmelweiten Unterschied, ob für ein Kind gebetet wird oder nicht. Gebet bereitet ein Kind auf eine frühe Bekehrung vor. Gebet kann die vielen komplizierten Probleme beim Großziehen von Kindern lösen. Gebet bereichert jede einzelne Phase des Lebens eines Kindes. Gebet gibt unseren Kindern den Segen des Herrn und bewahrt sie vor Kummer. Gebet macht uns als Mütter ruhig und hilft uns, das Wesentliche im Auge zu behalten. Ohne Gebet gibt es kein geistliches Leben.

Wann sollte eine Mutter beten? Sie kann schon vor der Geburt ihres Babys damit beginnen und sollte ihr Leben lang nicht damit aufhören. Aber wann kann sie es im Alltag tun? Eine Mutter machte es sich zur Gewohnheit, sich morgens früh um sechs Uhr dem Gebet für ihr Kind zu widmen, wenn sie es das erste Mal stillte. In dieser frühen Morgenstunde betete sie praktisch für jede nur irgend mögliche Sache, die sich im Leben ihres Kindes ereignen konnte. Das tat sie während der ersten sieben Monate seines Lebens. Braucht man sich da zu wundern, dass das Kind zunahm »an Weisheit und an Größe und an Gunst bei Gott und Menschen« (Lukas 2,52)?

Selbst mit all den tollen Kniffen und Geräten, die unseren Hausfrauen-Alltag erleichtern, hat vor allem die Mutter kleiner Kinder nur sehr wenig kostbare freie Zeit. Oft hat sie gerade noch die Kraft für die notwendigsten Dinge. Wie kann sie da auch noch eine Frau des Gebets sein? Viele Mütter bezeugen aber, dass das Gebet der effektivste Teil ihres Tages ist. Sie geben außerdem der großen Güte ihres himmlischen Vaters Zeugnis, der ihre Grenzen kennt. Gebet kann nicht nur in kniender Stellung verrichtet werden, sondern auch, während man liegt und nach oben schaut. Diese kurzen Zeiten körperlicher und geistlicher Ruhe in Gottes Gegenwart geben frische Kräfte. Andere haben entdeckt, dass die Unterbrechungen der Nachtruhe gute Gebetszeiten sein können. Man muss aufstehen, um ein Kind zuzudecken, und die wenigen Minuten, bevor man wieder einschläft, können im Gebet verbracht werden. Viele Mütter mit einem Baby haben auch die Erfahrung gemacht, dass sie gut während eines ausgedehnten Spaziergangs beten können – denn auch Babys, die viel schreien, schlafen meist ein oder sind zumindest ruhig, wenn sie im Kinderwagen geschoben werden.

Welche »Zeitinseln« Du auch immer suchen und finden magst: Strukturiere Deinen Tag unbedingt so, dass Dir Zeit zum Gebet bleibt! Für Dein eigenes geistliches Leben und das Leben Deiner Kinder ist diese Zeit von größter Wichtigkeit. Wir machen als Mütter alle Fehler, doch möge Gott uns helfen, nicht im Gebet für unsere Kinder zu versagen. Lasst uns zu Frauen des Gebets werden!

Zum Nachdenken:
- Welche Auswirkung wird es langfristig auf mein eigenes Leben und das meiner Familie haben, wenn ich nicht genug Zeit zum Beten finde?
- Welche Zeitfenster gibt es in meinem Tagesablauf, die ich zum Gebet für meine Kinder nutzen kann?

Impuls für den Tag:

· · • · ·

Trotz verwirrender Zeiten
wissen alle Beter,
dass Gott Gebet erhört.
Es macht immer noch einen
himmelweiten Unterschied,
ob für ein Kind gebetet wird
oder nicht.

· · • · ·

Wort Gottes

·· • ··

»Und diese Worte,
die ich dir heute gebiete,
sollen auf deinem Herzen sein.
Und du sollst sie deinen Kindern
einschärfen und davon reden,
wenn du in deinem Haus sitzt und
wenn du auf dem Weg gehst und
wenn du dich niederlegst und
wenn du aufstehst.«

5. Mose 6,6-7

Das beste Buch für Mütter, das je geschrieben wurde, ist die Bibel. Sie hilft Dir erstens, die Mutter zu sein, die Du sein solltest, und sie hilft Dir zweitens bei der Erziehung Deiner Kinder. Es gibt eine Übersetzung eines Psalmverses (Psalm 119,165), der mir schon immer viel gesagt hat: »Großen Frieden genießen die, die dein Gesetz lieben, und nichts wird sie beunruhigen.« Als Mutter kleiner Kinder erlebst Du in der Regel ungefähr ein Dutzend Dinge in der Stunde, die Dich natürlicherweise beunruhigen könnten, nicht wahr? Wie sehr wünschen wir uns in diesen Situationen innerliche Ruhe und Frieden! Eine der größten Hilfen, um Dich vor dem Aufgeben oder permanenter Hektik zu bewahren, ist ein ruhiger Geist und ein auf Gott ausgerichtetes Herz. Durch Nachsinnen über das Wort Gottes kannst Du das bekommen!

Hoffentlich sieht Dich Dein Kind viel in der Bibel lesen und Du studierst dieses Buch nicht nur, wenn Du Ruhe hast, Deine Kinder schlafen oder gerade nicht zu Hause sind. Wenn Deine Bibel immer griffbereit daliegt, abgelesen ist, an vielen Stellen unterstrichen, wenn Dein Kind sieht, wie Du Wartezeiten zum Bibellesen nutzt, dann musst Du ihm nicht beibringen, dass die Bibel wichtig ist – es sieht das jeden Tag. Wahrscheinlich wird es selber bald »Stille Zeit« machen wollen (vielleicht mit einer Kinderbibel) und sich auf seine erste eigene richtige Bibel freuen.

Pädagogen sagen, dass man Wahrheiten sehr einfach lernen kann, indem man sich Sprichwörter oder eingängige Verse dazu merkt. Es gibt wohl kaum eine wünschenswerte Tugend oder Eigenschaft, die nicht in der Bibel als Gebot aufgeschrieben ist. Diese Befehle haben wegen ihres göttlichen Ursprungs eine besondere Kraft in sich – sie sind tatsächlich »lebendig und wirksam und schärfer als jedes zweischneidige Schwert« (Hebräer 4,12). Wenn wir in Alltagssituationen oft aus der Bibel zitieren, wird das hervorragende Früchte tragen. In einem interessanten Artikel über das Elternhaus von Präsident Eisenhower habe ich gelesen, dass seine Mutter Hunderte von Bibelversen auswendig kannte und diese beim Tischgespräch und anderen Konversationen mit einstreute. Ich persönlich kann mir keinen besseren Weg vorstellen, um richtiges, biblisches Denken und Beurteilen in einer Familie zu fördern, als oft die Bibel zu zitieren. »Lasst das Wort des Christus reichlich in euch wohnen« (Kolosser 3,16) – und in Euren Kindern!

Als Familie Gottes Wort auswendig zu lernen, ist eine schöne Sache, und mit nur ein wenig Abwechslung und ein paar Belohnungen kann daraus ein interessanter Zeitvertreib werden. Einige herrliche Verse, die jedes Kind einmal auswendig kennen sollte, sind:

- »Murrt auch nicht ...« (1. Korinther 10,10).
- »Seid aber zueinander gütig, mitleidig, einander vergebend, wie auch Gott in Christus euch vergeben hat« (Epheser 4,32).
- »Wenn jemand nicht arbeiten will, so soll er auch nicht essen« (2. Thessalonicher 3,10).
- »Ihr Kinder, gehorcht euren Eltern im Herrn, denn das ist recht« (Epheser 6,1).
- »Und wie ihr wollt, dass euch die Menschen tun, so tut auch ihr ihnen ebenso« (Lukas 6,31).
- »Du sollst den Herrn, deinen Gott, lieben mit deinem ganzen Herzen und mit deiner ganzen Seele und mit deinem ganzen Verstand« (Matthäus 22,37).

Diese Verse und viele andere sind kostbare Edelsteine, und Du als Mutter kannst dafür sorgen, dass sie Deinen Kindern für ihr Leben gehören. Verlass Dich nicht auf die Kinderstunden-Mitarbeiter oder die Sonntagsschule. Du selbst solltest in Gottes Wort zu Hause sein und jeden Tag die großartige Möglichkeit nutzen, dieses »Buch der Bücher« Deinen Kindern lieb zu machen.

Zum Nachdenken:
- Wann sehen meine Kinder mich in der Bibel lesen?
- Wie können wir als Familie Bibelverse auswendig lernen?

Impuls für den Tag:

···•··

Eine der größten Hilfen,
um Dich vor dem Aufgeben oder
permanenter Hektik zu bewahren,
ist ein ruhiger Geist und
ein auf Gott ausgerichtetes Herz.
Durch Nachsinnen über das Wort
Gottes kannst Du das bekommen!

···•··

Ehefrau sein

·····

»… die alten Frauen ebenso […],
damit sie die jungen Frauen unterweisen, ihre Männer zu lieben …«

Titus 2,3-4

Eine der Mütter, die ich am meisten bewundere, bekann-
te mir einmal: »Wenn ich mein Leben noch einmal leben
könnte, würde ich meinem Mann mehr Zeit schenken!«
Sie erzählte außerdem, dass sie immer, wenn sie von jungen Müttern um einen Rat gebeten wurde, ihnen sagte, sie sollten auf keinen Fall ihre Ehemänner vernachlässigen. Unsere Männer ver-
dienen ebenso wie unsere Kinder Pflege und Aufmerksamkeit.
Ja, die Beziehung zu Deinem Mann kommt sogar noch vor der
Beziehung zu Deinen Kindern! Du warst Ehefrau, bevor Du Mutter wurdest, und wirst hoffentlich noch viele glückliche Jahre mit
Deinem Mann zusammen sein, wenn Eure Kinder schon längst
das Haus verlassen haben. Selbst als Mutter kannst Du kaum etwas Lohnenswerteres tun, als Deinen Kindern vorzuleben, wie
ein glückliches Eheleben aussieht. Kinder aus lieblosen oder sogar zerbrochenen Ehen tragen dauerhafte Wunden davon.

Die Aufgaben einer Mutter sind vielfältig, und es ist nicht leicht, eine Antwort zu finden auf die Frage, wie man gleichzeitig eine gute Mutter und eine gute Ehefrau sein kann. Jede Situation ist anders, und es gibt keine Patentlösung, aber von den folgenden Vorschlägen ist vielleicht der eine oder andere hilfreich:

1. Nimm alle Wünsche und Vorlieben Deines Ehemannes ernst und bemühe Dich, sie nach Möglichkeit zu erfüllen. Jemand hat gesagt: »Für den Liebenden reicht es, einen Wunsch zu kennen.« Es ist die schöne Aufgabe einer Ehefrau, zu Hause eine Atmosphäre zu schaffen, die ihrem Mann wohltut. Er soll sich freuen an Deinem Äußeren, an dem Essen und wie Du den Tagesablauf einrichtest. Nimm Deinen Mann nie für selbstverständlich – besonders, wenn er ein christlicher, rücksichtsvoller Mensch ist –, sondern pflege das, was Du hast, und freue dich daran!

2. Persönlich denke ich: Wenn eine Mutter sich in all den Stunden, in denen der Mann außer Haus ist, ganz den Kindern widmet, dann sollten die Bedürfnisse des Mannes Vorrang haben, wenn er von der Arbeit nach Hause kommt. Kinder haben in der Regel einen ausgeprägten Gerechtigkeitssinn und haben volles Verständnis dafür, dass Mama und Papa jetzt Zeit zu zweit brauchen. Das klappt am besten, wenn die Kinder von klein auf daran gewöhnt sind. Wertschätzung und Liebe sind ansteckend. Wenn für die Mutter der Höhepunkt des Tages der Augenblick ist, wenn ihr Mann nach Hause kommt, dann werden auch die Kinder ihren Vater achten und ehren. Von Martin Luther stammt der Satz: »Die Frau sorge dafür, dass der Mann gerne nach Hause kommt. Der Mann sorge dafür, dass sie ihn nur ungern wieder gehen lässt.«

3. Eine der größten Schwierigkeiten beim Versuch, eine gute Mutter, Hausfrau und Ehefrau gleichzeitig zu sein, ist für die meisten Frauen die körperliche Müdigkeit. Viele von uns sind einfach keine flinken, effektiven Hausfrauen, andere haben Probleme im Bereich Planung und Organisation. So gelingt es uns oft nicht, genau zum Zeitpunkt der Heimkehr des erschöpften Vaters sowohl Wohnung als auch Kinder sauber und gleichzeitig ein warmes, duftendes Essen auf dem Tisch zu haben. Anstatt eine fröhliche, liebenswerte und gut aussehende Ehefrau abzugeben, sehnen wir uns danach, auf die nächste Couch zu sinken und den (widerwilligen) Mann weitermachen zu lassen! Doch wie wichtig sind jetzt für beide Partner einige Minuten zum Reden in einer schönen Atmosphäre. Du, liebe Ehefrau, hast als Einzige die Möglichkeit, den Rahmen dafür zu schaffen. Um abends für den Mann frisch und ausgeruht zu sein, brauchen die meisten Mütter tagsüber zusätzlich Ruhe und Erholung – abgesehen von einigen wenigen menschlichen Dynamos, die es auch gibt. Achte deshalb auf eine ausreichende Pause in der Tagesmitte. Das ist auf die Dauer vernünftiger und für Deine Ehe sicher besser, als wenn Du den ganzen Tag durcharbeitest.

4. Eine gute Planung und Vorausschau können wirklich Wunder bewirken! Experten im Bereich effektive Planung haben großen Firmen schon Millionen Euro und Arbeitsstunden gespart. Vielleicht gibt es eine erfahrene Freundin, die Dir helfen kann, Deine Zeiteinteilung zu verbessern, damit Du nicht ständig schlecht organisiert, frustriert und ermüdet »vor Dich hinwurschtelst«. Es ist vielleicht vernünftiger, auf das neueste Familienauto zu verzichten und sich dafür regelmäßig eine

Schülerin zum Bügeln kommen zu lassen. Sei nicht zu stolz, Hilfe im Haushalt anzunehmen, wenn Du dafür mehr Kraft und Zeit für Deinen Mann hast!

Die Bibel ermahnt die Männer sehr deutlich, ihre Frauen zu lieben. Wenn sie Christen sind, *müssen* sie uns lieben. Doch Dein Ziel als Ehefrau sollte es sein, es Deinem Mann so leicht wie möglich zu machen, diesem göttlichen Gebot zu gehorchen!

Zum Nachdenken:
- Woran merkt mein Mann, dass er mir wichtiger ist als die Kinder?
- Wie kann ich den Augenblick seiner Heimkehr so gestalten, dass mein Mann sich auf zu Hause freut?

Impuls für den Tag:

· · • · ·

Es ist die schöne Aufgabe
einer Ehefrau, zu Hause
eine Atmosphäre zu schaffen,
die ihrem Mann wohltut.

· · • · ·

Unterweisung

·· • ··

»Höre, mein Sohn, die Unterweisung
deines Vaters, und verlass nicht die
Belehrung deiner Mutter!«

Sprüche 1,8

Mir gefällt folgende Geschichte, die über D. L. Moody erzählt wird: Eine sehr eifrige Frau, Mutter einer großen Familie, kam zu dem bekannten Prediger mit der Neuigkeit, dass Gott sie zum Predigen berufen habe. Moody hörte ihr verständnisvoll zu. Dann antwortete er: »Ich gebe Ihnen vollkommen recht. Gott hat Sie zum Predigen berufen. Ihre Zuhörerschaft wartet draußen auf Sie – es sind Ihre sechs Kinder!« Von all den vielen Berufungen, die eine Mutter hat, ist sie mit Sicherheit dazu berufen, eine Lehrerin zu sein. Und wenn sie nur Augen zu sehen und Ohren zu hören hat, dann findet sie im Alltag wunderbar viel Lernstoff um sich herum.

Doch denke daran: Für die Unterweisung Deiner Kinder ist Dir nur eine sehr begrenzte Zeit gegeben. Du magst für Deine Kinder bis zu deren Todestag beten. Doch diejenige Mutter ist weise, die erkennt, dass der Tag bald kommt, an dem ihre Heranwachsenden die Belehrungen, die sie als Kinder noch so begeistert haben, nicht mehr hören wollen. Jemand hat gesagt, die erste Regel der Schlagfertigkeit laute: »Besser gar nicht als spät.« Dieser Satz kann auch auf die Belehrungen einer Mutter angewendet werden.

Das »goldene Zeitfenster«, das Du für die Unterweisung Deiner Kinder hast, ist deren frühe Kindheit. Es ist immer wieder erstaunlich, wie begeistert und aufmerksam Kinder in dieser Zeit zuhören können! Nutze diese wertvolle Phase! Und mache Dir klar, dass die Welt um Dich herum Deine Kinder in eine ganz andere Richtung beeinflusst! Viele ethische und moralische Themen wurden früher auch außerhalb des Elternhauses im christlichen Sinn vermittelt – heute ist das oft nur noch zu Hause möglich. Deshalb fange so früh wie möglich damit an, Deine Kinder in Gottes Wort zu unterweisen! Natürlich wird Dein Mann – wenn er gläubig ist – als Haupt der Familie einen entscheidenden Teil dazu beitragen. Doch Du darfst ihm dabei eine wertvolle Hilfe sein. Redet als Ehepaar über die Themen, die Eure Kinder beschäftigen, und sucht nach Wegen, ihnen Gottes Sicht darüber zu vermitteln. Sorge dafür, dass Bibel oder Kalender griffbereit daliegen, sodass Dein Mann nicht vergisst, daraus vorzulesen. Meistens wird es auch in Deinem Verantwortungsbereich liegen, den Tag so zu gestalten, dass entweder morgens nach dem Frühstück oder abends Zeit dafür bleibt. Aber neben dieser »systematischen Unterweisung« wird sich der größte Teil der Unterweisung aus Alltagssituationen heraus ergeben.

Viele Gedanken in diesem Buch sind leider von mir selbst nicht allzu gut verwirklicht worden, aber dieser Teil der Mutterschaft, nämlich die Unterweisung meiner Kinder, hat mir immer besonders viel Freude gemacht – vielleicht, weil ich aus einer Predigerfamilie stamme. Ich kann mich erinnern, dass ich eines Sonntagvormittags mit meinen drei älteren Kindern von der Gemeinde nach Hause ging. Wir kamen an einer *cantina* vorbei (einer spanischen Kneipe). Als die Kinder die vielen Flaschen im Fenster bemerkten, nutzte ich die Gelegenheit, ihnen eine sehr ernste Lektion zum Thema Selbstbeherrschung und Alkohol zu erteilen. Mein Hauptpunkt war der, dass Trinker nie als Trinker beginnen, sondern dass sie meist als junge Kerle damit anfangen, um vor den Älteren nicht als Schwächlinge dazustehen. Ich hatte eigentlich die beiden Größeren im Auge, aber mein Dreijähriger hatte am aufmerksamsten zugehört. Abends wollte er noch etwas trinken, und nachdem ich ihm ein zweites Glas Wasser gegeben hatte, verbot ich ihm, nochmals aufzustehen. Da konterte er grinsend: »Gut, Mama, wenn du mir kein Wasser mehr gibst, dann trinke ich eben Whisky!«

Manche meiner Unterweisungen haben zum Glück eine bessere Wirkung erzielt. Als eine meiner Töchter vier Jahre alt war, bat ich sie so nebenbei, den Schlafanzug ihres Bruders aufzuheben. Sie sagte, dass sie das nicht einsehen würde, weil es ja nicht ihr Schlafanzug war. Ich muss wohl gerade etwas Zeit gehabt haben, denn ich erinnere mich, dass ich die Gelegenheit nutzte, um dem kleinen Mädchen ausführlich zu erklären, dass Christus selbst die kleinsten Dinge, die wir aus Liebe zu ihm tun, bemerkt und belohnt. Ich musste weggehen und mich um das Baby kümmern. Doch als ich wiederkam, bemerkte ich, dass nicht nur der besagte Schlafanzug weggeräumt war. Meine kleine Tochter wischte sogar Staub und sang dabei – und das mit dieser besonderen Freude, die alle Hilfsbereiten erleben. Ist es nicht eine herrliche Berufung, eine »Predigerin« für Deine Kinder zu sein?

Zum Nachdenken:
- Über welches wichtige Thema kannst Du heute mit Deinen Kindern sprechen?
- Wie könnt Ihr als Ehepaar eine dauerhafte, biblische Unterweisung in Euren Familienalltag integrieren?

Impuls für den Tag:

·· • ··

Das »goldene Zeitfenster«,
das Du für die Unterweisung
Deiner Kinder hast,
ist deren frühe Kindheit.

·· • ··

Liebe

····

»[Die Liebe] freut sich nicht
über die Ungerechtigkeit, sondern
sie freut sich mit der Wahrheit,
sie erträgt alles, sie glaubt alles,
sie hofft alles, sie erduldet alles.
Die Liebe vergeht niemals ...«

1. Korinther 13,6-8

Henry Drummond hatte recht mit seiner Feststellung, dass die Liebe das Größte ist, was es auf dieser Welt gibt. Liebe und Gebet sind wirklich die stärksten Verbündeten einer Mutter, die mit ihren Kindern ans Ziel kommen will! Mit Liebe wird jede Arbeit leicht und schön. Vielleicht ist das der Grund, warum eine Mutter den beneidenswertesten Beruf der Welt ausübt – sie arbeitet immer für die, die sie am meisten liebt. Das macht ihre Arbeit leicht und schön zugleich. Der Dichter William Wordsworth schrieb:»In der Liebe liegen Trost und Stärke. Sie macht eine Sache erträglich, die sonst das

Gehirn zerrütten oder das Herz brechen würde.« Da wird man an den berühmten kleinen Jungen erinnert, der beim Tragen eines jüngeren Kindes gefragt wurde, ob die Last denn nicht zu schwer für ihn sei. Er schüttelte nur den Kopf: »Aber nein, ich trage doch meinen Bruder!« Alle Lasten und Schwierigkeiten des Familienlebens werden leicht, wenn Liebe vorhanden ist.

Eine Atmosphäre der Liebe ist die gesündeste Atmosphäre überhaupt – geistig, physisch und geistlich –, in der ein Kind aufwachsen kann. Liebe ist der Sonnenschein, der für das gesunde Wachstum der Seele lebensnotwendig ist. Es gibt nichts, was einem Kind das Fehlen von warmer Zuneigung und Liebe ersetzen kann. Andererseits kann ein Mensch im Leben viel ertragen, wenn er weiß, dass er geliebt wird, und das in seiner Kindheit einprägsam erfahren hat. Deshalb überlege Dir immer wieder, wie eine Atmosphäre der Liebe in Deiner Familie spürbar werden kann. Liebe gibt dem Kind das, was es gerade braucht: sei es eine liebevolle Umarmung, ein offenes Ohr, ein ermutigendes Wort – oder eine klar gezogene Grenze.

Es hört sich vielleicht komisch an, wenn ich sage, dass Du als Mutter um göttliche Liebe für Deine Kinder beten solltest. Doch jede Mutter tut gut daran, 1. Korinther 13 immer wieder zu lesen, weil sie dann sicherlich beten wird: »O Herr, gib mir immer mehr von dieser Liebe!« Denn die Art von Liebe, die in diesem wunderbaren Kapitel beschrieben wird, ist keine menschliche, natürliche, sondern eine göttliche Liebe. Menschliche Liebe – sogar Mutterliebe – versagt und ist unzureichend. Nur die göttliche Liebe erträgt alles und versagt niemals. Sie entspringt in weit höherem Maße dem Willen als den Gefühlen. Es gibt

Tage, an denen weder Dein Mann noch Deine Kinder besonders liebenswert erscheinen. Doch es ist gut, wenn Du lernst, Deine Liebe nicht von Deinen momentanen Gefühlen beeinflussen zu lassen. »Die Liebe vergeht niemals.«

Für eine liebevolle Atmosphäre in der Familie ist es nicht nur wichtig, dass die Kinder die Liebe ihrer Eltern spüren, sondern dass sie auch untereinander echte Zuneigung zeigen. Kinder sollten gelehrt werden, dass Gott ihnen gebietet, einander zu lieben. Lass deshalb nicht zu, dass Streit und Unfrieden unter den Geschwistern die Atmosphäre in Deiner Familie kaputt machen. Als die bewundernswerte Missionarin Amy Wilson Carmichael (Mutter von Hunderten Adoptivkindern in Indien) ihren Kindern einmal einen Brief schrieb, sagte sie ihnen, sie habe geträumt, sie schriebe ihnen den letzten Brief vor ihrem Tod. Was schreibt man in so einer Situation? Amys Brief begann mit den Worten: »Geliebte, lasst uns einander lieben« (1. Johannes 4,7). Sind das nicht großartige Worte, die eine Mutter ihren Kindern vor ihrem Sterben – oder zu jeder Zeit – sagen kann? Es gibt kaum etwas Schöneres als Brüder und Schwestern, die einander Liebe zeigen. Und es ist Deine Aufgabe als Mutter, Deinen Kindern Anregungen und Ideen zu geben, wie diese Bruderliebe unter ihnen sichtbar werden kann.

Ich kenne eine Familie, die ihre Familienandacht oft mit dem folgenden Liedvers beendete:

»*Gib mir Liebe ins Herz, Liebe ins Herz, Liebe ins Herz, bet' ich.*
Liebe zu Gott, dass sein Wille meiner ist,
Liebe, meinen Heiland bekannt zu machen,
einem Menschen jeden Tag.«

Mir scheint: Würde dieses Gebet ernst genommen, wären die meisten Probleme in unseren Familien gelöst!

Zum Nachdenken:
- Woran können meine Kinder heute sehen, dass ich sie lieb habe?
- Wie kann ich meinen Kindern helfen, als Geschwister untereinander Liebe zu zeigen?

Impuls für den Tag:

·· • ··

Eine Atmosphäre der Liebe
ist die gesündeste Atmosphäre,
in der ein Kind aufwachsen kann.

·· • ··

Wahrheit

·· • • ··

»… sondern die Wahrheit
festhaltend in Liebe, lasst uns in
allem heranwachsen zu ihm hin,
der das Haupt ist, der Christus …«

Epheser 4,15

Soviel ich weiß, gab es bei Amy Carmichael einen Punkt, bei dem sie meinte, sie dürfe den Mitarbeitern in ihrem Kinderheim keine zweite Chance geben: Wahrhaftigkeit. Amy war davon überzeugt, dass Wahrheit der Felsen ist, auf dem jede gute Charaktereigenschaft aufbaut. Und wenn diejenigen, die die Kinder erzogen, sorglos mit der Wahrheit umgingen, gaben sie in diesem außerordentlich wichtigen Punkt ein zu schlechtes Beispiel ab.

Die Bibel ist voller Lob der Wahrheit und voller Ermahnungen darüber, wahrhaftig zu sein: »Kaufe Wahrheit und verkaufe sie nicht«; »... sondern die Wahrheit festhaltend in Liebe ...«; »... die Gnade und die Wahrheit ist durch Jesus Christus geworden«; »... allen Lügnern – ihr Teil ist in dem See, der mit Feuer und Schwefel brennt ...«; »Du sollst kein falsches Zeugnis ablegen gegen deinen Nächsten« (Sprüche 23,23; Epheser 4,15; Johannes 1,17; Offenbarung 21,8; 2. Mose 20,16). Diese Liste könnte man noch weiter fortsetzen.

Wie können wir als Eltern diese unbezahlbare Tugend in unseren Kindern bewirken? Natürlich ist das stärkste Mittel unser eigenes Vorbild. Hier gilt, wie anderswo auch, dass »ein Gramm Wandel so schwer wiegt wie ein Kilo Reden«. Ein Kind, das von klein auf erlebt hat, dass Versprechen gehalten und Erlebnisse wahrheitsgetreu berichtet werden, hat einen immens guten Anfang auf dem schwierigen Weg der Ehrbarkeit und Wahrhaftigkeit. Zweitens sollte Wahrhaftigkeit unter all den Werten, die wir unseren Kindern einprägen, einen hohen Platz einnehmen – wenn nicht den höchsten überhaupt! Ein Kind, dem wiederholt Sätze gesagt werden wie: »Mir ist es lieber, du versagst, als dass du betrügst!« oder: »Du hast falsch gehandelt, aber ich bin froh, dass du mir wenigstens die Wahrheit erzählt hast!«, hat einen großen Vorteil. Drittens ist das Vorlesen von Geschichten über Menschen, die immer die Wahrheit sagten, egal was es sie kostete, eine wertvolle Hilfe. Bestimmt findest Du auch Bibelverse, die Du mit Deinen Kindern zu diesem Thema auswendig lernen kannst.

Wahrscheinlich ist der gefährlichste Betrug der Selbstbetrug, weil er die Grundlage für viele andere Unaufrichtigkeiten ist. Kinder haben, wie auch Erwachsene, eine Tendenz, sich selbst zu rechtfertigen und die Schuld auf andere abzuschieben (wie es schon Adam und Eva nach dem Sündenfall taten). Wir alle haben diese verkehrte Neigung in uns. Deshalb rechne auch bei Deinen Kindern damit und achte darauf, dass sie Dir die reine Wahrheit erzählen und nicht mit der gefärbten Version eines Vorfalls davonkommen.

Ich erinnere mich, wie zwei unserer Kinder (vier und drei Jahre alt) einen unschönen Streit mit »begleitenden Gesten« hatten – um es einmal harmlos auszudrücken. Ich holte die Vierjährige herein und forderte sie auf, mir nur ihren Teil des Streites zu beschreiben und kein Wort über ihren Bruder zu sagen. Sie sollte einfach nur berichten, was sie getan hatte. Die Kleine machte mehrere Anläufe, aber jedes Mal begann sie unwillkürlich wieder mit: »Aber er, aber er ...!« Ich erinnerte sie daran, dass sie nur von sich sprechen sollte. Schließlich schluchzte das Mädchen frustriert heraus: »Aber Mami, es klebt alles zusammen!« Es stimmt, oft ist die Wahrheit ganz »zusammengeklebt«, aber wir müssen lernen, sie gründlich zu trennen und unser Fehlverhalten, unseren Teil der Schuld ehrlich einzugestehen.

Johannes, der geliebte Jünger, sagte, er kenne keine größere Freude als das Wissen, dass seine Kinder in der Wahrheit wandeln (3. Johannes 4). Ich denke, er meinte damit noch mehr als reine Ehrlichkeit, nämlich ein Leben der Kinder mit Christus, der die Wahrheit in Person ist. Aber ich muss von mir sagen, dass ich keine größere Freude kenne, als zu hören, wie meine Kinder die Wahrheit sagen, wenn es nach menschlichen Maßstäben zu ihrem Vorteil wäre, zu lügen!

Sehnst Du Dich auch nach dieser Freude? Eines von Amy Carmichaels einfachen, aber wichtigen Gebeten für ihre Kinder kann auch zu Deiner Bitte werden: »Mach sie wahrhaftig, Herr!«

Zum Nachdenken:
- Wie vermittele ich meinen Kindern Wahrhaftigkeit?
- Gibt es Bereiche, in denen ich selber nicht sorgfältig genug mit der Wahrheit umgehe?

Impuls für den Tag:

· · • • · ·

Oft ist die Wahrheit
ganz »zusammengeklebt«,
aber wir müssen lernen,
sie gründlich zu trennen und
unser Fehlverhalten, unseren Teil
der Schuld ehrlich einzugestehen.

· · • • · ·

Güte

····•··

»… und was fordert der HERR von dir, als Recht zu üben und Güte zu lieben und demütig zu wandeln mit deinem Gott?«

Micha 6,8

Ich glaube nicht, dass es eine christliche Tugend gibt, die man Kindern schöner und leichter beibringen kann als die Tugend der Güte oder Freundlichkeit. Wir alle wünschen uns, dass unsere Kinder geliebt werden. Einer der besten Wege, um diesen Traum Wirklichkeit werden zu lassen, ist, sie die schöne Kunst des freundlichen Denkens, Redens und Handelns zu lehren. Freundlichkeit ist eine Eigenschaft, die sowohl Gott als auch Menschen gefällt.

Vielleicht liegt das Geheimnis der Freundlichkeit in der Eigenschaft »aufmerksam«. Ein Kind – und natürlich auch jeder Erwachsene – muss dazu angehalten werden, mehr für andere zu denken und zu handeln als für sich selbst. Die goldene Regel

Jesu ist hier eine großartige Hilfe:»... wie ihr wollt, dass euch die Menschen tun, so tut auch ihr ihnen ebenso« (Lukas 6,31). Ich meine, Du solltest diese Lebensregel Deinen Kindern zusammen mit ihren Vitaminen und ihrem Müsli einflößen! Deine Familie ist das Umfeld, in dem Dein Kind Freundlichkeit und Güte am natürlichsten lernen kann. Ein Kind, das selbst viele kleine Gesten der Freundlichkeit von seinen Eltern und Geschwistern bekommen hat, als es krank war, eine Enttäuschung erlebte oder es ihm nicht gut ging, kann diese später auch außerhalb der Familie weitergeben.

Natürlich ist die bloße Vorschrift »Sei gütig!« nicht annähernd so wirksam wie Dein Vorbild. Ein kleines Kind kann und soll an den gütigen Taten seiner Eltern Anteil haben. Es gibt eine schöne Möglichkeit, um Weihnachten zu dem strahlenden Höhepunkt zu machen, der es sein sollte: Nutze diese Tage für Taten der Güte! Eine meiner wärmsten Erinnerungen an Weihnachten ist, dass wir mit unseren Kindern jedes Mal zehn bedürftige Familien besuchten. Die Kinder halfen dabei, große Tüten mit Essen, Süßigkeiten und einem christlichen Buch zusammenzupacken. Es war zwar Weihnachten, aber es ist wahrscheinlich für viele Leser nicht vorstellbar, in welcher Armut manche der Familien lebten, die wir besuchten! Ich erinnere mich an eine Familie, deren Vater im Gefängnis war und in der die Mutter das vierte Kind erwartete. Sie hatten keinen Bissen zu essen im Haus. Es war sehr bewegend, ihre Freude über unseren Besuch zu erleben. Woanders halfen wir einem kleinen Mädchen dabei, ihren betrunkenen Großvater heimzubringen. Alles in allem waren es Erlebnisse, die uns sehr naheingingen, sowohl den Kindern als auch uns Eltern. Nachdem der letzte Beutel abgegeben war und wir nach Hause fuhren, erinnere ich mich, dass ich mich im Auto nach hinten umdrehte und sagte:»Morgen früh gibt es ein paar Geschenke für jeden von euch. Aber ich will, dass ihr wisst, dass dieser Nachmittag der allerbeste Teil unseres Weihnachtsfests war. Was Jesus Christus gesagt hat, ist wahr: ›Geben ist seliger als Nehmen‹ (Apostelgeschichte 20,35).« Hanna, die Siebenjährige, bekräftigte zustimmend in sehr ernstem Ton:»Ja, das habe ich heute Nachmittag gelernt!«

Kinder können dazu erzogen werden, auf Bedrängte, Kranke und Alte zu achten. Eine Mutter sagte ihrem Sohn, als er ins Internat kam:»Mein Sohn, halte deine Augen offen für einen Schüler, der vielleicht unter Heimweh leidet, oder einen, der behindert ist. Halte immer nach jemandem Ausschau, der deine Hilfe benötigen könnte.« Man braucht Kinder nur ein klein wenig zu ermutigen, um Kranken Blumen zu bringen oder Vereinsamte zu besuchen, und ihr Mitgefühl wird auf wunderbare Weise wachsen. Gibt es einen kranken Schulkameraden, dem Ihr eine Karte schicken könntet? Was ist mit den Glaubensgeschwistern, die schon länger nicht mehr in der Gemeinde sein konnten, weil sie zu alt oder krank sind? Oder gibt es in Deiner Umgebung Familien, die viel ärmer sind als Ihr selbst? Vielleicht kennt Ihr jemanden, der besonders einsam ist und sich über einen Anruf freuen würde? Überlege immer wieder zusammen mit Deinen Kindern, wo Ihr Gutes tun könnt, und Du wirst sehen, dass die Kinder selbst bald mit eigenen Ideen kommen werden. Andererseits haben Kinder, die ihren Mitmenschen gegenüber kein Mitgefühl und keine Güte zeigen, diese Tugend von ihren Eltern oft weder vorgelebt noch überhaupt gelehrt bekommen.

Die ermutigenden Worte des Herrn über die Belohnung für denjenigen, der jemandem einen Becher mit kaltem Wasser in seinem Namen reicht, gelten für Kinder genauso wie für Erwachsene. Ich denke, auch ein Kind kann und soll »Gold, Silber, wertvolle Steine« (1. Korinther 3,12) für seine himmlische Wohnung sammeln!

Zum Nachdenken:
- Welche Werke der Güte kann ich zusammen mit meinen Kindern tun?
- Wie kann ich mein Kind dazu anhalten, mehr für andere zu denken und zu handeln als für sich selbst?

Impuls für den Tag:

· · • • · ·

Kinder, die ihren Mitmenschen
gegenüber kein Mitgefühl und keine
Güte zeigen, haben diese Tugend
oft von ihren Eltern weder vorgelebt
noch überhaupt gelehrt bekommen.

· · • • · ·

Reinheit

····•····

»Ich bin der HERR, dein Gott,
der dich lehrt zu tun, was dir nützt,
der dich leitet auf dem Weg, den du
gehen sollst. O dass du geachtet hät-
test auf meine Gebote! Dann wäre
dein Frieden gewesen wie ein Strom
und deine Gerechtigkeit
wie Meereswogen.«

Jesaja 48,17-18

Wie kann man sein Kind gegen all das unreine Denken, Reden und Handeln schützen, das uns heute
auf Schritt und Tritt begegnet? Selbst viele Eltern,
deren eigene Vergangenheit Flecken aufweist, wünschen sich
sehnlichst, dass ihre Kinder mit sauberer Gesinnung und hohen
Werten aufwachsen dürfen. Sie wissen, dass für eine glückliche
Ehe eine reine Jugend von größter Wichtigkeit ist. Ich erinnere
mich daran, wie ein christlicher Philosophie-Professor einmal
sagte: »Ich wollte nicht in erster Linie, dass meine Tochter glücklich wird, sondern dass sie ein geheiligtes Leben führt. Aber

das Erstaunliche ist, dass sich Glück als Nebenprodukt von Heiligung einfindet.« Auch David fand heraus, dass zu Gottes rechter Hand ewige Freuden sind (Psalm 16,11). Und Christus wurde mit Freudenöl gesalbt, mehr als seine Genossen, weil er Gerechtigkeit liebte und Gesetzlosigkeit hasste (Hebräer 1,9). Wenn Du also möchtest, dass Deine Kinder glücklich werden – und welche Mutter wollte das nicht? –, so ermutige sie zu einem Leben in Reinheit!

Aber trotz dieses Wissens ist es keine leichte Aufgabe, einen Jungen oder ein Mädchen zur Reinheit zu ermutigen, weil es um unsere Kinder herum so vieles gibt, das sie herunterziehen will. Es muss daher unser Ziel sein, dass unsere Kinder Gottes Plan folgen *wollen* und sie fest davon überzeugt sind, dass sein gerader und schmaler Weg wirklich der beste ist. Vielleicht besteht sogar der Hauptpunkt darin, Dein Kind zu überzeugen, dass es das erträumte Glück nur finden wird, wenn es auf Gottes Zeit wartet und seinem Plan für Liebe und Ehe folgt. Eine wichtige Voraussetzung dafür ist, dass zwischen Mutter und Kind Nähe und absolutes Vertrauen bestehen muss. Das kostet über die Jahre viel Zeit. Aber wenn Du von Anfang an eine enge Beziehung zu Deinen Kindern pflegst, dann wirst Du unendlich viele Gelegenheiten haben, die Art von Einstellung zu säen, die für ein Denken und Leben »auf hohem Niveau« nötig ist. Es ist ein großer Schutz, wenn ein Kind mit einem wirklich christlichen Gedankenmuster in Bezug auf Liebe und Ehe aufwachsen darf.

Es gibt viele gute Bücher, die man Kindern und jungen Leuten geben kann, um diese Art von Denken zu fördern. Hoffentlich herrscht in Deiner Familie eine Lesekultur! Denn Eltern von Kindern, die gerne lesen, können sich glücklich schätzen – sie können ihren Kindern vieles schon allein durch die richtigen Bücher vermitteln. Achte außerdem darauf, dass Deine Kinder Freunde mit einer reinen Gesinnung haben. Sei bereit, Zeit und Geld zu investieren, damit Deine Kinder auf christlichen Freizeiten oder ähnlichen Veranstaltungen gläubige junge Leute kennenlernen und sich mit ihnen anfreunden können. Ein weiterer Punkt ist, dass Du als Mutter zusammen mit Deinem Ehemann Deine Kinder vor den vielen falschen Einflüssen und Gefahren schützen musst, die im Internet und im Fernsehen auf sie lauern, ihre Gedankenwelt verseuchen und letztendlich sie selbst kaputt machen wollen. Sei dabei nicht pedantisch und gesetzlich – unser größter Feind im Kampf um Reinheit kommt nicht von außen, sondern ist unser eigenes sündiges Herz! –, aber trotzdem gewissenhaft und konsequent.

Ich glaube außerdem, dass wir es unseren Kindern schuldig sind, sie auf die schrecklichen Folgen aufmerksam zu machen, mit denen all jene Menschen leben müssen, die Gottes Gebote abgelehnt haben. Es ist gut, wenn Deine Kinder einen realistischen Einblick in den komplizierten Alltag und die vielen schwerwiegenden Probleme von Familien bekommen, in denen es Scheidungen, Affären, alleinerziehende Elternteile oder »Patchwork« gibt. Das kann mehr bewirken als viele Predigten über den »Lohn der Sünde«.

Eine Mutter, deren sieben Kinder »gut geraten« waren, hatte die Gewohnheit, sie oft mit diesem Bibelvers zur Schule zu schicken: »Behüte dein Herz mehr als alles, was zu bewahren ist; denn von ihm aus sind die Ausgänge des Lebens« (Sprüche 4,23). Wenn sie ihnen das sagte, fügte sie gewöhnlich hinzu: »Niemand kann euch von außen verletzen. Aber von innen könnt ihr euch wirklich Schaden zufügen.« Diese Mutter hat recht, denn es genügt nicht, das Gebot »Du sollst nicht ehebrechen« (2. Mose 20,14) nur äußerlich zu halten. Wie Christus in der Bergpredigt sagte, müssen schon unsere Gedanken rein sein. Wer bräuchte da keine Vergebung? Wie wertvoll ist es, dass wir unsere Kinder immer wieder auf das Blut Jesu hinweisen können, das uns von aller unserer Ungerechtigkeit reinigt (1. Johannes 1,7+9)! Nur so können sie innerlich unbeschadet die »Feuer der Ausschweifung« überstehen, die sie äußerlich umgeben.

Zum Nachdenken:

- Sehen meine Kinder an meiner Ehe, dass es sich lohnt, nach Gottes Maßstäben zu leben?
- Nehme ich mir genug Zeit, um mit meinen Kindern über die Themen Liebe, Ehe und Sexualität zu reden?

Impuls für den Tag:

· · • · ·

Glück stellt sich als Nebenprodukt von Heiligung ein.

· · • · ·

Wertschätzung

·· • ··

>>Wer Lob opfert,
verherrlicht mich, und wer seinen
Weg einrichtet, ihn werde ich das
Heil Gottes sehen lassen.<<

Psalm 50,23

Eine liebe Schwester sagte einmal, sie wünschte, es gäbe einen Weg, ihrer verstorbenen Mutter zu danken – denn obwohl diese materiell arm war, hatte sie ihr so viel gegeben. Besonders betonte sie die Wertschätzung alles Schönen, die ihre Mutter ihr mitgegeben hatte. Sie berichtete, dass ihre Mutter oft alles stehen und liegen ließ, um ihr das Wunder einer aufgeblühten Blume oder einer besonderen Wolkenformation zu zeigen. Ein anderes Mal hielt sie beim Spaziergang an, um ihre Tochter auf den außergewöhnlichen Geruch nasser Fichtennadeln aufmerksam zu machen. Jemand hat einmal betont, dass es für die, die gelernt haben, sich an Gottes Schöpfung zu freuen, keine Langeweile geben kann. Das stimmt, denn die

Wunder der Schöpfung sind unerschöpflich. Aber das Problem bei den meisten Menschen ist, dass sie »Augen haben zu sehen und nicht sehen« (Hesekiel 12,2). Der Reichtum der Schönheit der Natur gehört dem, der sich daran freut – und das ohne Eintrittsgeld! In diesem Sinn sind wir alle Milliardäre.

Neben der Bewunderung der Schöpfung gibt es noch eine andere Art von Wertschätzung, nämlich die Würdigung der Gaben und Talente anderer. Als Christus in den Himmel auffuhr, hat er den Menschen Gaben gegeben (Epheser 4,8). Wie froh sollten wir darüber sein! Keiner hat jede Gabe, aber jeder ist begabt. Ist das nicht entspannend? Das Nächstbeste nach der Fähigkeit, selbst gut Klavier spielen zu können, ist die Gnade, sich zu freuen, dass andere diese Gabe haben. Das ist auch das vollkommene Gegenmittel gegen Neid, diese negative Eigenschaft, mit der wir Frauen oft zu kämpfen haben.

Eine andere Art von Wertschätzung ist die Dankbarkeit Gott gegenüber für all das Gute, das er uns tut. Lehre Deine Kinder, »ihre Segnungen zu zählen«. Das tut so gut! Es liegt Gesundheit für Körper, Seele und Geist in der kleinen Ermunterung »und seid dankbar« (Kolosser 3,15). Den Herrn zu preisen, ist das am häufigsten wiederholte Gebot der Bibel. Mach es Dir deshalb beim Beten zur Gewohnheit, »mit Danksagung in seine Tore einzutreten« (siehe Psalm 100,4). Viele führen ein »Dankbüchlein«, entweder persönlich oder als Familie, in das sie die vielen besonderen Begebenheiten, Bewahrungen und Erlebnisse eintragen, für die sie Gott dankbar sind. Auf diese Weise kannst Du Deinen Kindern die Augen öffnen für die Segnungen des himmlischen Vaters, die wir jeden Tag genießen.

Schließlich ist da noch die Dankbarkeit unseren Mitmenschen gegenüber. Einmal beschuldigte ein ungläubiger Mann vor den Gästen seine Frau mit den Worten:»Ihr wisst, dass meine Frau niemals anfängt zu essen, ohne Gott zuerst dafür zu danken. Doch leider scheint sie zu vergessen, dass ich derjenige bin, der dafür gearbeitet hat!« Ich hatte in diesem Augenblick den Eindruck, dass der Mann trotz seiner Unfreundlichkeit recht hatte. Wenn wir Gott, der die Quelle aller Segnungen ist,»Danke« sagen, sollten wir dann nicht auch denen danken, die er dazu benutzt, uns zu helfen? Kinder werden das in der Regel nicht von selbst tun. Sie müssen lernen, sich bei denen zu bedanken, die ihnen Gutes tun. Achtest Du darauf, dass sie sich für ihre Geburtstags- oder Weihnachtsgeschenke bedanken? Die Erzieherin der kleinen Prinzessin von England hielt in ihrer Autobiografie einige der netten Danknotizen fest, die die spätere Königin ihr geschrieben hatte. Es freute sie einfach, dass ihre Dienste nicht für selbstverständlich genommen wurden. Ich meine, unsere Kinder sollten zur gleichen Dankbarkeit erzogen werden!

Wenn in einer Familie ein Klima der Wertschätzung und Dankbarkeit gegenüber Gott und Menschen herrscht, hat die Mutter in der Regel einen großen Anteil daran. Deshalb prüfe Dein Herz und lass Dir zeigen, wo es Segensspuren in Deinem Leben gibt, die Du wertschätzen und für die Du dankbar sein kannst – sei es der blühende Baum vor dem Haus, die Begabungen Deines Ehemanns oder die Gesundheit Deiner Kinder. Und denke daran: Wer dankt, bekommt immer mehr Gründe zum Danken!

Zum Nachdenken:

- Herrscht in meiner Familie ein Klima der Dankbarkeit Gott und Menschen gegenüber?
- Wann habe ich meine Kinder das letzte Mal auf ein schönes Detail in Gottes Schöpfung aufmerksam gemacht?

Impuls für den Tag:

·· • • ··

Es liegt Gesundheit für Körper,
Seele und Geist in der kleinen
Ermunterung »und seid dankbar«.

·· • • ··

Arbeit

····

>>Was irgend ihr tut,
arbeitet von Herzen, als dem Herrn
und nicht den Menschen ...«

Kolosser 3,23

Vielleicht ist der Grund, warum so viele Menschen vor der Arbeit zurückschrecken, der, dass wir instinktiv fühlen, dass Arbeit ein Teil des schrecklichen Fluches ist, der nach dem Sündenfall über die Menschheit kam. »Hätte Adam doch nicht gesündigt, dann würde es dieses unangenehme Element in unserem Leben gar nicht geben!«, so denken wir vielleicht. Aber das stimmt nicht, denn wir lesen in der Bibel, dass selbst im Himmel Gottes Diener ihm dienen werden (siehe Offenbarung 22,3). Sicher: Der Sündenfall hat das Arbeiten schwieriger gemacht. Aber die Arbeit an sich ist eine der guten Gaben Gottes für seine Kinder. So sollte eines der vielen Ziele für unsere Kinder sein, dass sie gute Arbeiter werden – sei es in natürlichen oder in geistlichen Aufgaben. Es gibt wenig

Dinge an einem Menschen, die verächtlicher sind als Faulheit. Die Bibel ist voll von Versen wie:»Die Seele des Faulen begehrt, und nichts ist da; aber die Seele der Fleißigen wird reichlich gesättigt« (Sprüche 13,4), oder:»Nicht erjagt der Lässige sein Wild; aber kostbares Gut eines Menschen ist es, wenn er fleißig ist« (Sprüche 12,27).

Über eine Kindererzieherin habe ich gelesen, dass sie die glückliche Gabe hatte, jede Hausarbeit in ein»Weihnachtsbaumschmücken« zu verwandeln. Eine Freundin von mir beschrieb das wunderbare Geschick ihrer Mutter, Arbeitszeiten zu richtig fröhlichen Zeiten zu machen. Sie erzählte, dass ihre Mutter nach dem Abendessen auf die Uhr schaute und sagte:»Wir haben jetzt fünf vor sieben. Schaffen wir es, dass um Viertel nach sieben alle Kinder bettfertig sind?« Die Freundin erzählte, dass daraufhin alle Kinder in die Wanne hüpften, sich zusammen wuschen, abtrockneten und sangen – und dabei kaum merkten, dass sie am Arbeiten waren! Manche von uns haben vielleicht ähnliche Taktiken ausprobiert, aber damit keinen Erfolg gehabt. Trotzdem: Ob wir es mit pädagogischen Kniffen hinbekommen, dass die Arbeit unseren Kindern gefällt oder nicht – sie müssen es lernen zu arbeiten. Arbeit ist einfach ein wesentlicher Teil der gesunden Entwicklung eines Kindes.

Eine Grundschullehrerin hatte ein Problemkind in ihrer Klasse. Sie schlug der Mutter des Kindes vor, ihm eine kleine Aufgabe zu geben, die es leicht bewältigen würde (wie etwa die Schuhe im Schrank ordentlich hinzustellen oder die Papierkörbe auszuleeren). Das Kind bekam eine solche Arbeit, lernte Zuverlässigkeit, hatte Erfolgserlebnisse, und die positive Veränderung in seinem schulischen Verhalten war beachtlich. Ich hoffe, dass auch Deine Kinder lernen, regelmäßig kleine Arbeiten zu übernehmen. Am Anfang ist es immer leichter, wenn eine Mutter schnell alles selber erledigt, aber damit ist ihrem Kind nicht geholfen. Widerstehe deshalb der Versuchung, alles selber zu machen, und nimm Dir bewusst Zeit, Deine Kinder darin anzuleiten, ihrem Alter entsprechend kleine Aufgaben im Haushalt zu übernehmen. Deine Kinder sollen mitbekommen, dass das Zuhause kein Hotel ist! Es gibt viele junge Erwachsene, die ein Stück weit lebensuntauglich sind, da sie nie gelernt haben, wie man ein Bett macht, das Treppenhaus putzt, ein Hemd bügelt oder Spiegeleier brät. Es ist gut, wenn Kinder lernen, dass es zwei Arten von Arbeit gibt: Arbeit, die man für Geld tut, und Arbeit, die man aus Liebe tut. Es ist sicher nichts falsch daran, wenn ein Kind für bestimmte Arbeiten, die es zu Hause oder woanders tut, bezahlt wird. Aber jedes Kind sollte ohne Meckern auch Dinge tun, von denen es weiß, dass es dafür keine Belohnung gibt – das gehört zum Leben.

Auch wenn ein Kind seine ersten Aufgaben natürlicherweise im Elternhaus erledigen wird, ist es ein ausgezeichnetes Training, wenn es auch anderswo arbeiten kann, vielleicht für einen alten Nachbarn Rasen mäht, Zeitungen austrägt oder Ähnliches. Ein Vater ließ seinen Sohn in einer Autowerkstatt arbeiten und bezahlte selbst seinen Lohn – nur, damit der Sohn erleben konnte, was es heißt, zur Arbeit zu gehen, pünktlich anzufangen und jede Aufgabe zu Ende bringen. Der Vater wusste, dass Jugendliche, die es gelernt haben zu arbeiten, glücklicher sind und besser mit den Anforderungen des Lebens fertigwerden.

Dass Christus 18 Jahre seines Lebens in der Zimmererwerkstatt verbrachte, hat Arbeit für immer zu etwas Geheiligtem gemacht. Bei jeder auch noch so kleinen Aufgabe geht es darum, sie so zu sehen, wie es die kleine Karte über der Spüle einer Pfarrersfrau ausdrückt: »Hier geschieht dreimal am Tag Gottesdienst.«

Zum Nachdenken:

- Mit welcher Einstellung gehe ich meiner täglichen Arbeit nach?
- Wie kann ich meine Kinder dazu anleiten, zuverlässig und fleißig kleine Aufgaben im Haushalt zu übernehmen?

Impuls für den Tag:

·· • • ··

Eines der vielen Ziele, die wir
für unsere Kinder haben, sollte sein,
dass sie gute Arbeiter werden.

·· • • ··

Reden

·•·•·

»Lass die Reden meines Mundes
und das Sinnen meines Herzens
wohlgefällig sein vor dir, HERR,
mein Fels und mein Erlöser!«

Psalm 19,15

Jemand, der wusste, dass dieses Buch geschrieben wird, schlug vor, dass es auch ein paar Worte zum Thema Reden enthalten sollte. Ich schätze, dass vielleicht 90 Prozent alles Leids auf dieser Welt durch Worte zustande kommt. Gerade erhielt ich einen Brief von einer Freundin, in dem sie schreibt: »Es ist besser, zu lernen, in einer Sprache still zu sein, als zehn Sprachen zu sprechen.« Wir Frauen haben oft ein Problem damit, nicht wahr? Wie oft habe ich mir schon gewünscht, ich hätte geschwiegen, statt einfach draufloszureden! »Gott ist im Himmel, und du bist auf der Erde: Darum seien deiner Worte wenige« (Prediger 5,1). Das ist ein guter Ratschlag. Widerstehe dem Drang, zu allem sofort etwas sagen zu müssen. Es gibt Frauen, die weder ihren Mann noch ihre Kinder zu Wort kommen lassen. Manchmal merken sie das selber nicht einmal! Wenn Du diese Veranlagung hast, bete viel dafür, dass Du lernst, erst einmal zuzuhören, bevor Du deine eigene Meinung zu einer Sache sagst.«... ein Wort zu seiner Zeit, wie gut!« (Sprüche 15,23).

Ein anderer Bereich betrifft nicht die Menge unserer Worte, sondern das, was wir sagen. Eine Mutter ist ihren Kindern kein gutes Vorbild, wenn ihre Gespräche mit ihren Freundinnen hauptsächlich Klatsch und Tratsch enthalten. Wieso sollten die Kinder da anders sein? Wenn Jugendliche reden, hört man oft nicht sie, sondern ihre Eltern sprechen, deren Worte sie kopiert haben. Man übernimmt nämlich kaum etwas so sehr wie den Kommunikationsstil seines Elternhauses. Du hast als Mutter eine große Verantwortung und einen enormen Einfluss auf die Art und Weise, wie in Deiner Familie geredet wird. Wie Du mit Deinen Kindern sprichst – launisch oder liebevoll –, die Art, wie Du mit Deinem Mann redest – rechthaberisch oder freundlich –, und Dein Reden über Deine Mitmenschen – abwertend oder wohlwollend –, wird die Kommunikation in Deiner Familie prägen. Bist Du bemüht, dass »liebreiche Lehre auf Deiner Zunge ist« (siehe Sprüche 31,26)? Du kannst mit Deinen Worten ermutigen, trösten, ermahnen, lehren, loben, anspornen – aber auch verletzen, niedermachen, entmutigen, schaden. Sowohl Tod als auch Leben sind in der Gewalt Deiner Zunge (Sprüche 18,21). Mach Dir das immer wieder bewusst!

Ich hoffe auch, dass Du es nicht duldest, dass Deine Kinder respektlos über Lehrer, Glaubensgeschwister, ihren Vater oder andere Menschen reden. Sie können lernen, dass hässliches Reden, böse Ausdrücke und Schimpfworte in der Familie nicht erlaubt sind. Bedenke immer, dass Gedanken zu Worten werden, Worte zu Taten und Taten zu Gewohnheiten. Wir als Christen müssen selbstverständlich nicht nur für falsche Taten, sondern auch für böse Worte um Vergebung bitten. »Das habe ich doch nur so gesagt!«, ist keine Entschuldigung. »Setze, HERR, meinem Mund eine Wache, behüte die Tür meiner Lippen!« (Psalm 141,3) ist ein Gebet, das wir sowohl unseren Kindern beibringen als auch selber immer wieder beten sollten.

Gute Fragen sind übrigens eine schöne Möglichkeit, einem Gespräch unter Frauen, das sich sonst vielleicht nur um Nebensächlichkeiten drehen würde, eine positive Richtung zu geben. »Welche geistlichen Bücher hast Du in der letzten Zeit gelesen? Was wünschst Du Dir für Deine Kinder am meisten? Was war Deine letzte Gebetserhörung? Wie schaffst Du es, Dich Deinem Mann unterzuordnen?« usw. sind Fragen, die eine Unterhaltung auf gewinnbringende Themen lenken. In der Familie ist es nicht anders. Überlege Dir, wie Du positiv, glaubensstärkend und freundlich mit Deinem Mann und Deinen Kindern reden kannst und welche Themen sich dafür eignen. »Kein faules Wort gehe aus eurem Mund hervor, sondern was irgend gut ist zur notwendigen Erbauung, damit es den Hörenden Gnade darreiche« (Epheser 4,29). Wäre es nicht schön, wenn Deine Kinder später einmal sagen würden, dass die Worte ihrer Mutter gnädig und erbauend waren?

Der begeisterte Bräutigam im Hohenlied sagt über seine Braut, dass ihre Lippen Honig träufeln und dass Honig und Milch unter ihrer Zunge sind (Hohelied 4,11). Honig ist süß und belebend, Milch gesund und nährend. Charakterisiert das auch

Deine Worte? Honig sprudelt nicht unkontrolliert aus der Wabe, sondern diese kostbare Flüssigkeit wird Tropfen für Tropfen gewonnen. Es ist gut, wenn wir lernen, unsere vorschnelle Zunge zu zügeln und Worte zu sagen, die für unseren Nächsten wertvoll und angenehm sind!

Zum Nachdenken:
- Wenn mein Reden ein Barometer für meinen Charakter ist – wie sieht dieses Barometer aus?
- Welches passende, freundliche Wort könnte ich heute jedem Familienmitglied sagen?

Impuls für den Tag:

·· • • ··

Du hast als Mutter eine große
Verantwortung und einen enormen
Einfluss auf die Art und Weise,
wie in Deiner Familie geredet wird.

·· • • ··

Freunde

···•···

»Der Freund liebt zu aller Zeit, und als Bruder für die Bedrängnis wird er geboren.«

Sprüche 17,17

Es gibt viele Arten, reich zu sein – so, wie es auch viele Dinge gibt, an denen man arm sein kann. Eine der bedauernswertesten von allen Formen der Armut ist die Armut an Freunden. Als Petrus sagte, dass wir in Christus alles bekommen haben, was zum Leben und zur Gottseligkeit notwendig ist (2. Petrus 1,3), dann hat er in diesen »allen Dingen« mit Sicherheit auch Freunde eingeschlossen. Darum sollten unsere Überlegungen, Gebete und Pläne für unsere Kinder auch das Ziel haben, dass sie zu guten Freunden werden.

Dazu gehört unbedingt die Kunst, mit anderen Menschen gut auszukommen. Wer diese Kunst beherrscht, wirkt sympathisch, und jeder ist gern in seiner Nähe. Dagegen kann einen unsympathischen Menschen einfach keiner leiden (es sei denn durch übernatürliche Gnade). Die Bemühungen eines Missionars sind weit weniger aufreibend, wenn er denen, welchen er dienen möchte, sympathisch ist. Was für das Missionsfeld zutrifft, scheint auch im Berufsleben gültig zu sein. Die besten Positionen gehen normalerweise an einigermaßen sympathische Leute, die die Kunst gelernt haben, mit anderen gut auszukommen und zusammenzuarbeiten.

Gibt es irgendetwas, was Eltern tun können, um ihren Kindern in diesem Bereich zu helfen? Manche Kinder haben von Natur aus ein sonniges und freundliches Gemüt. Andere sind von ihrem Wesen her eher kontaktscheu und zurückhaltend. Kann die Gabe der Freundschaft erworben werden? Es gibt Hinweise dafür, dass das möglich ist. Vielleicht sind folgende Ratschläge hilfreich:

- Betone immer wieder, wie notwendig und wichtig es ist, mit anderen gut auszukommen. Die Kinder einer bestimmten Mutter waren außergewöhnlich freundlich und beliebt. Als sie noch klein waren und die üblichen Streitereien miteinander ausfochten, sagte ihnen die Mutter immer: »Ich kann euch nicht sagen, wie ihr es machen sollt. Das ist etwas, was ihr selbst herausfinden müsst. Sucht eine Lösung – ihr müsst es einfach lernen, mit euren Mitmenschen gut zurechtzukommen.« Ich finde das Verhalten dieser Mutter nachahmenswert!

- Stelle Deinen Kindern liebenswerte Personen als Vorbilder vor Augen: Leute, die besonders selbstlos oder hilfsbereit sind, von jedermann freundlich sprechen oder über Jahre tiefe Freundschaften gepflegt haben.

- Lade die Freunde Deiner Kinder ein – bestimmt wird einiges von dieser einladenden Atmosphäre auf Deine Kinder abfärben. Dieser Vorschlag bedeutet zusätzliche Arbeit und einiges an Unordnung, denn Gastfreundschaft ist bekanntlich die anstrengendste aller Tugenden! Halte aber trotzdem Dein Haus offen. Deine Kinder sollen wissen, dass ihre Freunde bei Dir willkommen sind und Du Dir Mühe gibst, dass sie sich bei Euch wohlfühlen. Viele Menschen bezeugen, dass sie sich bekehrt haben, weil sie einen gläubigen Schulfreund hatten und oft in seiner Familie sein konnten!

- Erkläre Deinen Kindern, dass es ein großer Gewinn fürs Leben ist, Freunde zu haben, aber dass es auch gewisse Pflichten mit sich bringt. Ich erinnere mich, wie meine Mutter mich einmal sehr eindrücklich darüber belehrte, wie man ein guter Freund ist. Sie bekam mit, wie ich schlecht über meine Freundin mit einem anderen Mädchen redete. Ich werde nie vergessen, wie scharf sie mir sagte, dass niemand einer Person etwas anvertraut, die andere hinter deren Rücken schlechtmacht.

- Warne Deine Kinder aber auch vor falschen Freunden und dem negativen Einfluss, den sie auf ihr Leben haben können. Es gibt Freundschaften, die zum Wohl Deines Kindes beendet werden sollten.

- Bete, dass Deine Kinder mit der Liebe Gottes erfüllt werden. Dieser letzte Punkt ist weit wichtiger als alle vorigen! Es gibt keine Versicherung dafür, dass unsere Kinder die Art von Freunden werden, die sie sein sollen, außer wenn sie Gott mit ihrem ganzen Herzen lieben. Die Menschen, die Gott lieben, finden es unmöglich, ihre Mitmenschen nicht zu lieben. Und Menschen, welche die göttliche Liebe in ihrem Herzen haben, können die liebenswertesten und beliebtesten von allen Geschöpfen Gottes sein.

Zum Nachdenken:
· Habe ich selber Freunde, denen ich Einblick in mein persönliches Leben gebe?
· Wann hatten meine Kinder das letzte Mal ihre Freunde bei sich zu Hause?

Impuls für den Tag:

· · • • · ·

Menschen, welche die göttliche Liebe in ihrem Herzen haben, können die liebenswertesten und beliebtesten von allen Geschöpfen Gottes sein.

· · • • · ·

Gemeindeverbundenheit

·· • • ··

»HERR,
ich habe geliebt
die Wohnung deines Hauses
und den Wohnort
deiner Herrlichkeit.«

Psalm 26,8

Ein Christ im Osten der USA bekam eine neue Arbeitsstelle mit einem weit höheren Gehalt angeboten. Doch er
lehnte entschieden ab. Warum? Nun, aus dem einfachen
Grund, weil er an seiner momentanen Arbeitsstelle mit seiner
Familie einer viel geistlicheren Gemeinde angehören konnte.
Eine andere christliche Familie, die dauernd umziehen musste, hat grundsätzlich zuerst immer die Gemeinde und dann
die Wohnung ausgesucht. Es war ihr wichtig, möglichst in der
Nähe der Gemeinde zu wohnen, um auch während der Woche

Kontakt zu den Glaubensgeschwistern pflegen zu können. Beide Familien haben weise Entscheidungen getroffen, denn sie wussten um die ungeheure Bedeutung, die eine gottesfürchtige Gemeinde für die geistliche Entwicklung ihrer Kinder hat.

Allerdings ist nicht nur die Wahl der Gemeinde wichtig, sondern auch die Unterstützung, die eine Familie ihrer Gemeinde gibt. Deine Kinder sollten das Gefühl haben, dass ihre Vorbereitung für die Sonntagsschule genauso wichtig ist wie für die normale Schule. Ich hoffe, dass Du Interesse daran zeigst, was Deine Kinder in der Kinderstunde gemacht haben, welche Geschichte dran war, welche Verse sie lernen sollten. Viele Mütter packen, wenn ihre Kinder nach dem Gottesdienst angelaufen kommen und begeistert von der Kinderstunde berichten, die Spruchkarten und Ausmalbilder achtlos weg und hören kaum zu, was die Kinder erzählen. Selbst wenn man im Augenblick nicht viel Zeit hat, kann eine Mutter ihrem Kind doch zeigen, dass die Kinderstunde eine große Bedeutung hat (»Ja, das ist wirklich eine spannende Geschichte! Erinnere mich dran, dass ich sie Dir heute Abend vor dem Einschlafen noch mal erzähle, ja? Und das Bild hängen wir dann neben Deinem Bett auf.«). Kinder sollten außerdem gelehrt werden, ihre Gemeinde zu achten und ihren Hirten und Vorstehern Treue zu zeigen. Sie sollten eine Verantwortung spüren, ihre Gemeinde mit ihrer Anwesenheit und ihren Gaben zu unterstützen. Es gibt Familien, deren Kinder sich schon früh mit ihrer Gemeinde identifizieren. Das Vorbild der Eltern, die Vorfreude auf die Stunden (»Wie schön, morgen ist Sonntag, dann können wir wieder in die Gemeinde gehen!«) und kleine Aufgaben, die die Kinder übernehmen (»Vielleicht könntest Du heute nach dem Gottesdienst die Liederbücher einsammeln? Und achte doch mal darauf, dass die Besucherkinder sich nicht einsam fühlen.«) haben einen großen Einfluss.

Oft haben Eltern selber Probleme mit der Treue zur Gemeinde und der regelmäßigen Anwesenheit. Je größer die Familie wird, desto mehr Gründe gibt es, auch mal einen Sonntag zu Hause zu bleiben. Seien es Termine der Kinder, Verpflichtungen der Eltern, dass man sich nicht so gut fühlt oder einfach nur der Wunsch nach einem freien Vormittag. Doch das Gebot, die Gemeindezusammenkünfte nicht zu versäumen (Hebräer 10,25), ist uns nicht umsonst gegeben. Die meisten gläubigen Eltern wünschen sich für ihre Kinder, dass sie später einmal der Gemeinde eine hohe Priorität in ihrem Leben einräumen. Oft sind sie ganz entsetzt, wenn ihre Kinder im Teenager-Alter ständig andere Entschuldigungen vorbringen, warum sie ausgerechnet an diesem Sonntag nicht mitkommen müssen. Dabei machen sich diese Eltern gar nicht klar, dass sie ihren Kindern jahrelang vorgelebt haben, dass man der Gemeinde keinen hohen Stellenwert im Leben geben muss und man nur dann zu kommen braucht, wenn es einem in den Tag passt. Es ist aber ein unermesslicher Segen, wenn Deine Kinder von klein auf mitbekommen, dass Gott die erste Priorität in Eurem Leben als Ehepaar ist und es deshalb eine Selbstverständlichkeit für Euch ist, dabei zu sein, wenn die Gemeinde sich zur Anbetung und zur Unterweisung in Gottes Wort trifft. Natürlich gibt es gerechtfertigte Ausnahmen. Aber lebe Deinen Kindern vor, dass man den Gemeindebesuch nicht von Gefühlen abhängig machen darf.

In vielen Familien ist der Stress am Sonntagvormittag so groß, dass der ganze Tag unter einem negativen Vorzeichen steht. Natürlich ist es eine Herausforderung, sowohl auszuschlafen, als auch gemütlich zu frühstücken, Stille Zeit zu haben, das Mittagessen vorzubereiten, alle Bibeln und die anderen tausend Kleinigkeiten einzupacken und eine Reihe kleiner Kinder pünktlich im Auto zu haben – und das möglichst gekämmt und nicht noch im Schlafanzug! Meistens ist es der Verdienst und die sorgsame Planung der Mutter, wenn das Sonntagmorgen-Programm reibungslos abläuft. Sieh es doch einfach als eine Kernaufgabe an, dafür zu sorgen, dass der Sonntagmorgen für Deine Lieben ein guter Start in den Tag des Herrn ist. Gott hat Dir nicht umsonst Kreativität und Organisationstalent gegeben. Hier ist ein Bereich, in dem es sich lohnt, diese Gaben einzusetzen! David sagte, dass er sich freute, als er in das Haus des Herrn gehen sollte. Möge der Herr uns helfen, unser Leben so zu gestalten, dass unsere Kinder das Gleiche sagen!

Zum Nachdenken:
- Woran merken meine Kinder, dass die Gemeinde mir wichtig ist?
- Wie kann ich dazu beitragen, dass der Sonntagmorgen in meiner Familie entspannt abläuft?

Impuls für den Tag:

·····

Es ist ein unermesslicher Segen,
wenn Deine Kinder von klein auf
mitbekommen, dass Gott die
erste Priorität in Eurem Leben als
Ehepaar ist und es deshalb eine
Selbstverständlichkeit für Euch ist,
dabei zu sein, wenn die Gemeinde
sich zur Anbetung und zur
Unterweisung in Gottes Wort trifft.

·····

»Eine Familie, die am Gemeindeleben teil-
nimmt, erntet viel Gutes – und dieses Gute
bringt reichliche Zinsen von Generation zu
Generation. Man kann sich kaum vorstellen,
welche gewaltige Bedeutung die Teilnahme
am Gemeindeleben für die Ewigkeit besitzt!
Der Sonntagmorgen ist nur ein kurzer Zeit-
abschnitt, verglichen mit der ganzen Woche, und doch: Die Gewohnheit, diesen Abschnitt dem Gottesdienst mit der Gemeinde
zu widmen, hinterlässt langsam, aber sicher
und wirksam einen tiefen Eindruck auf die
Seele. Früher oder später bewirkt sie einen
entscheidenden Unterschied im Leben, im
Herzen und in der Familie.«

(aus: »Eine Mutter nach dem Herzen Gottes«
von Elizabeth George)

Entschiedenheit

·· • ··

»Ich aber und mein Haus, wir wollen dem HERRN dienen!«

Josua 24,15

Eine Mutter, die mir persönlich sehr geholfen hat, sagte mir einmal:»Ich wünsche mir sehr, dass mein Kind lernt, die richtige Art von Büchern zu mögen und sie selbst auszuwählen – anstatt dass es nur das liest, was ich ihm vorschlage.« Gehorsam ist schriftgemäß und ein absolut wichtiges Erziehungsziel – bei kleinen Kindern vielleicht sogar das wichtigste. Aber Gehorsam allein ist längst nicht die einzige Antwort auf alle Erziehungsfragen. Du wirst nicht Dein ganzes Leben lang neben Deinem Kind stehen und ihm sagen können, was es zu tun oder zu lassen hat. Kein Kind ist bereit fürs Leben, wenn es nicht für sich selbst die richtigen Maßstäbe und Werte angenommen hat und sie Teil seiner Persönlichkeit geworden sind. Ich habe immer gedacht, wenn ein Kind einmal diese Stufe erreicht hat, ist die Aufgabe einer Mutter erfüllt. Von da an könnte ihr Kind alleine leben – wenn das nötig wäre. Vom König Joas lesen wir in der Bibel, dass er nur so lange tat, was recht war in den Augen Gottes, wie der Priester Jojada – sein Ziehvater – ihn unterwies. Einerseits ist der Beginn sehr schön, aber andererseits ist das zu wenig. Irgendwann muss ein Kind – und jeder Christ – unabhängig von seinen leiblichen oder geistlichen Eltern imstande sein, den eigenen Weg mit Gott zu gehen.

Um ehrlich zu sein: Mir ist nie eine kurze, einfache Formel begegnet, wie man dieses Ziel erreichen kann. Ich kann nur sagen, dass ich beobachtet habe, wie dieser Wunsch in manchen Familien Wirklichkeit geworden ist. Ich habe aber auch andere Kinder gesehen, die bis ins Erwachsenenalter das Richtige nur taten, wenn sie dazu gezwungen wurden oder wenn ihnen jemand zusah. Überall haben wir Beweise für die Tatsache, dass es »nicht der Wind, sondern das Segelsetzen ist, das die Fahrtrichtung bestimmt«. Wir wollen so gerne, dass unsere Kinder *von sich aus* ihre Segel so setzen, dass sie mit Gottes gutem, wohlgefälligem und vollkommenem Willen übereinstimmen!

Wie lernt ein Kind, gute Entscheidungen zu treffen? Zuerst einmal, indem es in den ersten Jahren den Entscheidungen seiner Eltern folgt. Gott hat uns als Eltern die Verantwortung gegeben, am Anfang vieles für unsere Kinder zu entscheiden. Kinder werden überfordert, wenn sie zu früh zu viele eigene Entscheidungen treffen müssen. Diese Bürde ist noch nicht für sie bestimmt – sie sind Kinder und keine Erwachsenen. Erst im Laufe der Jahre werden sie in einem begrenzten Rahmen immer größere eigene Entscheidungen treffen und die Verantwortung für deren Folgen tragen. Dieses Training geht weiter, bis das Kind schließlich erwachsen und vollkommen allein verantwortlich für sein Leben ist. Wie schön, wenn unsere Kinder dann aus voller Überzeugung sagen: »Ich bin entschieden, zu folgen Jesus!« – auch wenn wir Hunderte von Kilometern von ihnen entfernt oder vielleicht gar nicht mehr am Leben sind.

Dazu muss ein Kind im Lauf seiner Entwicklung nicht nur Regeln, sondern auch die Prinzipien hinter den Regeln verinnerlichen. Letztendlich geht es bei aller Erziehung mehr um das Herz als um das Verhalten der Kinder – auch wenn wir ihren Herzenszustand nur anhand ihres Verhaltens beurteilen können. Unsere Welt verändert sich rasend schnell, und wir können nicht absehen, vor welchen Entscheidungen die nächste Generation einmal stehen wird. Aber wenn unsere Kinder den Heiligen Geist haben, den Herrn und die Bibel lieben, dann können sie mit den Fragen »Was würde der Herr Jesus dazu sagen?«, »Ehrt dieses Verhalten Gott?« und »Dient es meinem Nächsten?« Entscheidungen treffen, für die wir uns als Eltern jetzt noch gar keine Regeln ausdenken könnten.

Das letztendliche Ziel der Eigenverantwortlichkeit unserer Kinder lässt sich gut in dem Gebet zusammenfassen, das die Mitarbeiter in Amy Carmichaels Kinderheim in Donahvur für ihre Schützlinge beteten:

»Mache aus unseren Kindern gute Streiter Christi, lass sie nie umkehren am Tag des Kampfes.
Lass sie zu Seelengewinnern und -helfern werden.
Lass sie nicht leben, um bedient zu werden, sondern um zu dienen.
Mach sie treu. Lass sie die Treue über alles andere stellen.
Mach sie zu Tätern, nicht bloß zu Rednern. Mach sie verständig.
Lass sie Freude finden an harter Arbeit und lieber schwere Dinge als leichte wählen. Verhindere, dass sie Faulenzer werden.

Lass sie aus der Abhängigkeit von uns herauswachsen zur Abhängigkeit von Dir! Halte sie frei von der Herrschaft irdischer Dinge.

Lass sie gesunde, glückliche und freundliche Erwachsene werden, mit dem Wunsch, andere glücklich zu machen.

Gib ihnen Augen, die Schönheit der Welt zu sehen, und Herzen, die ihren Schöpfer anbeten.

Mögen sie, o Herr, im Licht Deines Angesichts wandeln. Lass dies das Erbe dieser Kinder sein.«

Zum Nachdenken:
- Wie kann ich meine Kinder darin anleiten, eigene Entscheidungen zu treffen, die gut sind und Gott ehren?
- Wo lasse ich meine Kinder Entscheidungen treffen, zu denen ihnen noch das Alter oder die nötige Reife fehlen?

Impuls für den Tag:

·· • ··

Kein Kind ist bereit für das Leben, solange es nicht für sich selbst die richtigen Maßstäbe und Werte angenommen hat und sie Teil seiner Persönlichkeit geworden sind.

·· • ··

Musik

·····

»Alles was Odem hat, lobe Jah! Lobt den HERRN! «

Psalm 150,6

Liebe Mutter, denke einmal darüber nach, was alles dazugehören muss, damit Deine Wohnung ein richtiges Zuhause wird. Ich habe immer gemeint, dass ein Wohnzimmer ohne Blumen, Bücher und irgendein Musikinstrument unvollständig ist. Musik ist eine der wunderbarsten Gaben Gottes an uns Menschen. Nur ein liebender Vater kann sich so etwas Schönes ausgedacht haben! Sie ist eines der wenigen Dinge der Erde, die es auch im Himmel geben wird. Auf jeden Fall sollte Musik eines der Dinge sein, das wir unseren Kindern zugänglich machen sollten.

Am Anfang steht das sanfte Singen der Mutter, wenn sie ihr Baby auf dem Schoß wiegt, am besten auf einem Schaukelstuhl (gelobt sei die beruhigende Wirkung, die ein Schaukelstuhl auf Mutter und Kind zugleich hat!). Dann kommt der fröhliche Familiengesang, der Teil der täglichen Andacht sein kann. Und dann die Musikstunden der Kinder und die neue Welt, die sie ihnen eröffnen. Außerdem gibt es die schönen Musik-CDs, die Teil des Familienschatzes werden können. Musik ist eines der wunderbaren Zusatzgeschenke Gottes!

Was hat ein Kind davon, wenn es ein Musikinstrument lernt? Neben dem Instrument selbst lernt es Selbstdisziplin, Durchhaltevermögen, genaues Hinhören, emotionale Sensitivität und vieles mehr. Es ist noch kein Meister vom Himmel gefallen, und die Familien, deren Kinder musizieren, sind nicht unbedingt die, die am musikalischsten sind. Eher sind es die, denen es gelingt, ihre Kinder zum regelmäßigen Üben anzuhalten und über Durststrecken hinweg die Musik zu einem festen, von allen geschätzten Bestandteil der Familienkultur werden zu lassen.

Natürlicherweise gibt es in einer großen Familie Kinder, die mehr Freude am Musizieren haben und begabter sind als die anderen. Es ist erfreulich für die weniger Begabten, wenn sie trotzdem ein einfaches Instrument haben, mit dem sie sich am gemeinsamen Musizieren beteiligen können. Was für eine herrliche Sache ist es doch, wenn unsere Kinder den Herrn mit Posaune, Harfe oder Laute preisen, wie es im Psalm 150 steht! In einer Familie werden durch gemeinsames Singen und Musizieren enge Bande geknüpft und gemeinsame Erlebnisse geschaffen. Jede Stimme ist wichtig, das Miteinander zählt, und alle sind auf ein Ziel hin ausgerichtet.

Vielleicht ist das ein persönliches Vorurteil von mir, aber ich habe immer geglaubt, dass sich keine Art von Musik mit geistlichen Liedern und Lobliedern messen kann. Mit Sicherheit wird das die Musik im Himmel sein, und sollte sie deshalb nicht auch in unseren christlichen Familien vorherrschen? Der Teufel hat es sicherlich schwer, in eine Familie einzudringen, in der das Lob Gottes oft gesungen wird! Vielleicht könnt Ihr entsprechend dem Alter Eurer Kinder ein kleines »Familienliederbuch« zusammenstellen? Diese Lieder werden den Kindern geistliche Wahrheiten vermitteln, die sie ihr Leben lang behalten. Es macht gar nichts, wenn der Gesang nicht mehrstimmig und konzertreif ist! In Notsituationen ist es häufig so, dass Menschen Lieder in den Sinn kommen, die sie in ihrer Kindheit viel gesungen haben. Lieder sitzen oft noch tiefer als auswendig gelernte Bibelverse. »Deine Satzungen sind meine Gesänge gewesen im Haus meiner Fremdlingschaft«, sagt der Autor des Psalms 119 (Vers 54). Wie arm ist eine gläubige Familie, in der keine Lieder gesungen werden!

Die höchste Beschäftigung des Menschen ist es, den Herrn zu kennen, ihn zu lieben und ihn anzubeten. Musik ist eine schöne Möglichkeit dazu. Wie wunderbar ist es, wenn uns ein ergreifendes Loblied aus unserer eigenen Beschränktheit herausreißt und in die Gegenwart Gottes führt! Das folgende Lied hat unserer Familie immer viel bedeutet:

»Du großer Gott, wenn ich die Welt betrachte,
Die du geschaffen durch dein Allmachtswort,
Wenn ich auf alle jene Wesen achte,
Die du regierst und nährest fort und fort:
Dann jauchzt mein Herz dir, großer Herrscher, zu:
Wie groß bist du, wie groß bist du!«

Zum Nachdenken:
- Wie kann ich meinen Kindern eine Liebe zu geistlicher Musik vermitteln?
- Wie oft singen wir als Familie zusammen?

Impuls für den Tag:

· · • • ·

Musik ist eines
der wenigen Dinge der Erde,
die es auch im Himmel geben wird.

· · • • ·

Gemeinschaft

·· • ··

»Wie ein entwöhntes Kind
bei seiner Mutter ...«

Psalm 131,2

Kurz nachdem unser erstes Kind geboren war, gab mir eine Freundin ein Büchlein mit dem Titel »Mit unseren Kindern leben«. Das Buch habe ich verliehen – was in diesem Fall leider bedeutete: verloren. Doch das Beste an diesem Buch war für mich sein Titel. Denn wenige Dinge sind für eine Mutter so wichtig, wie mit ihren Kindern zu leben. Ehrlich gesagt möchte ich nicht zu einem Königshaus gehören, weil es für mich das Schlimmste wäre, wenn jemand anderes meine Kinder aufziehen würde!

Es scheint mir, dass so manche Mutter einen Fehler begeht, wenn sie arbeiten geht und dadurch weniger Zeit mit ihren Kindern verbringt – außer, wenn ihr Einkommen unbedingt gebraucht wird. Eine Mutter von drei kleinen Kindern ging nur deshalb arbeiten, um ihren Kindern Extrawünsche erfüllen zu können. Eine Nachbarin hütete die kleine »verlorene Herde«, die versuchte, ohne ihre Mutter zurechtzukommen. Diese Frau bemerkte: »Wenn es G. doch nur bewusst wäre: Ihre Kinder würden viel lieber sie selbst haben als all die Dinge, die sie ihnen mit ihrem Geld kauft!« Ob nun berufstätig oder nicht: Für alle Mütter gilt, dass wir die Zeit mit unseren Kindern möglichst gut nutzen sollten. Bemühst Du Dich darum, dass die Stunden mit Deinen Kindern zu wertvollen Zeiten werden, in denen Eure Beziehung wachsen kann? Es gibt so viele Dinge, die Eltern und Kinder *miteinander* tun können, damit dieses Gefühl von Gemeinsamkeit und Freundschaft entsteht: Spiele spielen, miteinander kochen, nähen, Ausflüge machen, einen Garten anlegen, arbeiten, gemeinsamen Hobbys nachgehen usw. Die Liste ließe sich unendlich fortsetzen, doch die Hauptsache dabei ist: *miteinander*!

Zu diesem Miteinander gehört auch, dass man seine eigenen Kinder für seine besten Freunde hält und ihnen zeigt, dass man lieber mit ihnen zusammen ist als mit irgendjemand anderem. Ich habe diesen Aspekt bei jeder Mutter beobachtet, deren Kinder ihre Gegenwart offensichtlich schätzen, aber er ist schwer zu beschreiben. Es ist wichtig, dass man seine Kinder mit der gleichen Höflichkeit und Aufmerksamkeit behandelt wie andere gute Freunde. Ich erinnere mich an eine christliche Frau, die viel Kummer mit ihren Kindern hatte. Drei oder vier von ihnen hatten gescheiterte Ehen. Niemand konnte sich vorstellen, was in ihrer Erziehung falsch gelaufen sein könnte, bis eine Freundin, die diese Familie gut kannte, traurig bemerkte: »Ich glaube nicht, dass C. ihre Kinder je mit der gleichen Freundlichkeit behandelte wie ihre Freundinnen. Die Kinder haben das immer so empfunden, und das hat bei ihnen Spuren hinterlassen.« Wenn Freunde die Sache von außen auch manchmal falsch beurteilen, sollte dieses Urteil uns doch allen eine Warnung sein! Unsere Kinder sind nach unserem Ehepartner die wichtigsten Menschen in unserem Leben und sollten das auch spüren.

Natürlich müssen wir vermeiden, unsere Kinder zu sehr zu verwöhnen und zu verziehen. Aber manche Mütter haben so viel Angst vor dieser Gefahr, dass sie ihre Kinder mit einer Härte und Strenge behandeln, mit der sie nie ihre Freundinnen behandeln würden. Denke daran: In späteren Jahren wirst Du Dich nach keiner Gemeinschaft so sehr sehnen wie nach der Deiner Kinder. Hier gilt das Gesetz »Was irgend ein Mensch sät, das wird er auch ernten« (Galater 6,7). Wenn wir unsere Kinder vernachlässigen, uns ständig ihrer Gemeinschaft entziehen, um mit erwachsenen Freunden zusammen zu sein, sie hart und unhöflich behandeln, dann werden wir später die Früchte davon ernten müssen. Doch wenn wir im Umgang mit unseren Kindern die einfachen Regeln einer Freundschaft befolgen – also freundlich, aufmerksam, treu und höflich zu ihnen sind –, werden wir auch von diesem Bemühen die Früchte ernten.

Das Band der Gemeinschaft wächst nicht nur durch besondere Aktionen wie Urlaube oder Ausflüge – obwohl diese Höhepunkte im Familienleben wichtig sind –, sondern vor allem durch geteilten Alltag. Dieser wird durch Traditionen strukturiert und belebt. Das erfordert Fantasie, Kreativität, Planung und Liebe. Wie gestaltet Ihr den Beginn des Wochenendes? Das Sonntagsfrühstück? Gibt es ein Ritual, wenn ein Kind seinen ersten Zahn verliert? Schwimmen gelernt hat? Was ist bei Zeugnissen, Krankheit, Geburtstagen? Gibt es eine Vorlese-Tradition? Lagerfeuer? Schatzsuche? Ein spezielles Pausenbrot, wenn ein Kind einen besonders herausfordernden Schultag vor sich hat? Es ist nicht gottgewollt, wenn die Gemeinde, bedürftige Menschen oder der Arbeitgeber von den Gaben einer Frau profitieren, doch die eigene Familie sich immer nur mit dem zufriedengeben muss, was sie an Kraft und Liebe noch übrig hat. Mütter haben so viele Möglichkeiten, in den Ablauf des Jahres dieses »besondere Etwas« zu legen, das die Beziehungen innerhalb der Familie vertieft und sie für jedes Kind zu etwas Einzigartigem macht. Es geht um den »ständigen Austausch dieser tausend kleinen Freundlichkeiten, die unvermeidlich das Leben schöner machen« (Washington Irving).

Zum Nachdenken:
- Welche kleine Aufmerksamkeit kann ich in dieser Woche für meine Kinder planen?
- Woran merken meine Kinder, dass ich gerne Zeit mit ihnen verbringe?

Impuls für den Tag:

·· • ··

Unsere Kinder sind nach
unserem Ehepartner die wichtigsten
Menschen in unserem Leben und
sollten das auch spüren.

·· • ··

Benehmen

·····

»Alles nun, was irgend ihr wollt,
dass euch die Menschen tun,
das tut auch ihr ihnen ebenso!«

Matthäus 7,12

Kurz nachdem unser ältester Sohn eingeschult wurde, hatte mein Mann die Gelegenheit, ihn in seiner neuen Klasse zu besuchen. Als er wieder zu Hause war, fragte sein jüngerer Bruder neugierig: »Und Papa, wie hat H. sich benommen?« Wir lachten darüber, aber gerade dieser Gedanke beschäftigt uns Eltern doch oft, nicht wahr? Nach vielen Kindergeburtstagen, wenn die Eltern ihren Sprössling abholen, fragen sie besorgt: »Er hat sich doch benommen – oder?« Ein Kind, das keine guten Manieren gelernt hat und sich schlecht benimmt, ist einfach keine Freude, sondern ein Grund ständiger Sorge für seine Eltern. Einmal sagte mir eine erschöpfte Mutter, der anstrengendste Teil des Mutterseins sei für sie, die schlechten Essgewohnheiten ihrer kleinen Kinder ertragen zu müssen. Offensichtlich hatte sie die Anstrengung unterschätzt, die es bedeutet, von Natur aus unzivilisierte Kinder zu wohlerzogenen Ladys und zuvorkommenden Gentlemen zu machen, die sich auch woanders zu benehmen wissen!

Wenn man an den fehlenden Manieren seiner kleinen Kinder verzweifelt und einen Teenager mit höflichem, gutem Benehmen sieht, versteht man, was das spanische Sprichwort sagen will: »Vale la pena!« (»Die Mühe hat sich gelohnt!«). Benehmen kann gelernt werden, und wir dürfen nicht die Mühe scheuen und aufgeben. In meinem Studium hörte ich einen sehr schönen Vortrag über das Thema »Ziert die Lehre unseres Heiland-Gottes in allem« (siehe Titus 2,10). Sicher sollte es nicht nur unser Ziel sein, dass unsere Kinder die wesentlichen christlichen Tugenden wie zum Beispiel Wahrhaftigkeit und Treue an den Tag legen, sondern auch, dass sie höflich und zuvorkommend sind. Das steht jedem Christen gut und ehrt Gott.

Es scheint in der Unterweisung zu gutem Benehmen keine Abkürzung zu geben. Das gute Vorbild hilft zwar, aber es allein ist nicht ausreichend. Es ist der langsame Prozess des täglichen Korrigierens und Ermutigens, der schließlich den erwünschten Erfolg bringt. Die Geschichte ist nicht belegt, aber irgendjemand soll Susannah Wesley (die Mutter der bekannten Erweckungsprediger John und Charles Wesley) einmal gefragt haben, wie sie einem ihrer Kinder dieselbe Sache siebzehn Mal sagen könne. Susannah antwortete geduldig: »Hätte ich schon beim sechzehnten Mal aufgehört, wäre es zu früh gewesen, und das Kind hätte diese Lektion nie gelernt. Es musste siebzehn Mal sein.« Dr. Straw, der liebe alte Rhetorikprofessor vom Wheaton College, pflegte zu sagen: »Einmal ist genug!« Er meinte damit, dass kein Student es nötig haben sollte, eine Sache mehr als einmal gesagt zu bekommen. Das mag vielleicht an der Uni ein guter Leitsatz sein, aber sicher nicht bei kleinen Kindern! Es einmal zu sagen, reicht bei Weitem nicht, um einem Kind Tischmanieren oder eine andere Art von höflichem Benehmen beizubringen. Manchmal kann die Eintönigkeit der Ermahnungen durch einen kleinen Wettbewerb erleichtert werden: eine Belohnung für das Kind, das ohne herumzukleckern seinen Teller leer isst, oder Ähnliches. Aber auch diese Tricks verlieren irgendwann ihren Reiz. Man muss einfach weitermachen und durchhalten! Denke daran, dass Du Deinem Kind für sein Leben einen großen Gefallen tust, wenn es gelernt hat, sich angemessen zu verhalten. Es mag schwer sein, gute Manieren als Kind zu lernen, aber sicher ist es als Erwachsener noch viel herausfordernder! Vielleicht könnt ihr Euch in Eurer Familie einen Abend zusammensetzen und wichtige Höflichkeitsregeln besprechen (wie zum Beispiel, dass Kinder Erwachsene beim Gespräch nicht unterbrechen, wie man sich am Telefon meldet, wie Gäste begrüßt werden, dass man sich für Geschenke bedankt usw.). Vieles hat auch mit der Fähigkeit zu tun, sich in andere hineinzuversetzen und sich zu fragen, was man sich in der Situation des anderen wünschen würde. Über welches freundliche Wort freut sich der Mann vom Paketdienst, der im Feierabend-Verkehr im Regen ein Paket bringt? Was wünscht sich die alte Dame, der das Stehen im Bus schwerfällt? Wie fühlt sich der Sonntagsschul-Mitarbeiter, der sich ein Spiel ausgedacht hat – und alle Kinder haben keine Lust dazu? Die Mutter mit einem Kleinkind an der Hand, die mit ihrem Kinderwagen an einer Stufe hängen bleibt? Übe Deine Kinder darin, sich in ihre Mitmenschen hineinzuversetzen und die »Goldene Regel«, die Jesus uns gelehrt hat, anzuwenden.

Die Belohnung für Deine Mühe steht in Aussicht, wenn auch vielleicht nicht so bald. Eines erstaunlichen Tages wird Dei-

ne Familie zum Essen eingeladen werden, und ohne ein Wort
von Dir bietet Dein Sohn der Gastgeberin seine Hilfe beim Ab-
räumen an. »Vale la pena« – »Die Mühe hat sich gelohnt«!

Zum Nachdenken:
- Wo entschuldige ich das schlechte Benehmen meiner Kinder, anstatt das Thema anzugehen?
- Wie können wir uns darin üben, uns in die Situation und
die Gefühle anderer Menschen hineinzuversetzen?

Impuls für den Tag:

··•··

Es sollte nicht nur unser Ziel sein,
dass unsere Kinder die wesentlichen
christlichen Tugenden wie zum
Beispiel Wahrhaftigkeit und Treue
an den Tag legen, sondern auch, dass
sie höflich und zuvorkommend sind.
Das steht jedem Christen gut
und ehrt Gott.

··•··

Schularbeiten

·· • • ··

»Wer im Geringsten treu ist,
ist auch in vielem treu, und wer
im Geringsten ungerecht ist,
ist auch in vielem ungerecht.«

Lukas 16,10

Im Allgemeinen tun wir Dinge, die wir gut können, auch gerne. Unsere Kinder verbringen einen großen Teil ihrer Kindheit in der Schule. Es ist von größter Bedeutung für ihr späteres Leben, dass es ihnen in der Schule gefällt, sie sich dort anständig verhalten und gut vorankommen. Es geht nicht darum, um jeden Preis der Beste zu sein. Es geht darum, Gottes Gaben zur Entfaltung zu bringen und für einen späteren Beruf und die vielfältigen Herausforderungen des Lebens so gut wie möglich vorbereitet zu sein. Du kannst als Mutter sehr viel tun, damit Deine Kinder dieses Ziel erreichen.

Jemand hat einmal gesagt: »Reicher als ich kannst du niemals sein, denn ich hatte eine Mutter, die mir vorgelesen hat.« Ein Kind, dem im Alter zwischen drei und sechs Jahren ausgiebig vorgelesen wurde, wird sein Leben lang von einem größeren Wortschatz und einem besseren Hintergrundwissen profitieren als ein Kind, das dieses Privileg nicht hatte. Zum Vorlesen fehlt Dir die Zeit? Es ist erstaunlich, wie viele Bücher gelesen werden können, wenn man nur 15 Minuten pro Tag dafür reserviert!

Wenn ein Kind eingeschult wird, sollte die Einstellung der Mutter zur Schule, zu den Lehrern und zu den Hausaufgaben positiv und ermutigend sein. Das Kind braucht nicht alle berechtigten – oder unberechtigten – Klagen seiner Eltern über das Schulsystem, die gesunkenen oder gestiegenen Anforderungen oder die unpassenden Lernmethoden mit anzuhören. Es sollte einfach das Gefühl haben, dass es sehr wichtig ist, pünktlich zur Schule zu kommen, seine Hausaufgaben sorgfältig zu erledigen und fleißig für die Klassenarbeiten zu lernen. Denn ein Kind, das in der Schule sein Bestes gibt, wird das wahrscheinlich auch im Leben tun. Sorgfalt und Fleiß sind Eigenschaften, die ein Kind in der Schule übt und die es später als Erwachsener für jeden Dienst im Reich Gottes gebrauchen kann.

Ich werde meiner Mutter immer dankbar sein für alles, was sie tat, damit mir die Schule gefiel. Keiner von uns Geschwistern war ein besonders guter Schüler, doch sie gab uns diesen nötigen »Schubs«, der uns das Gefühl gab, wir würden es gut machen, und der uns motivierte, »dranzubleiben«. Wenn man es schafft, dass ein Kind gerne lernt, fördert das den Lernprozess unsagbar. Ich bin davon überzeugt, dass ein Kind mit durchschnittlicher Intelligenz, aber mit einer unterstützenden, ermutigenden Mutter zur Seite in der Schule mehr erreicht als ein superintelligentes Kind, dem nicht gezeigt wird, dass die Schule wichtig ist.

Es gibt Kinder, die holen beim Arbeiten alles aus sich heraus und sind sehr ehrgeizig. Eine Mutter, deren Kind so veranlagt ist, muss aufpassen, dass sie es nicht überfordert und dadurch frustriert. Diese Kinder müssen begreifen, dass Fehlermachen zum Lernen dazugehört und Perfektion nicht das Ziel ist. Auch ein ehrgeiziges Kind darf sich nicht über seine Noten definieren. Andere Kinder – wahrscheinlich die Mehrzahl – sind von Natur aus träger und brauchen mehr Unterstützung und Ansporn zum Lernen.

Es scheint mir, dass eine Mutter nicht von der Schule erwarten sollte, dass diese die volle Verantwortung für die geistige Entwicklung ihres Kindes übernimmt. Genauso wenig sollte sie ja auch mit dem zufrieden sein, was die Gemeinde ihrem Kind an geistlicher Unterweisung gibt. Das Elternhaus sollte in jedem Fall ergänzen und vervollständigen. Ist der Unterricht sehr locker und wird vielleicht auf manche wichtige Fertigkeiten keinen Wert gelegt, kann das – in gewissem Rahmen – zu Hause nachgeholt werden. Auf der anderen Seite kann eine Mutter ein Gegengewicht zu einem sehr strengen, formalen Lehrer sein, indem sie das Kind zu Hause seine freie Zeit mit vielen kreativen Tätigkeiten füllen lässt. Wie auch immer der Schwerpunkt der Schule gerade ist: Das Elternhaus sollte versuchen, auszugleichen, abzufedern und die Dinge in den richtigen Kontext zu stellen. Voraussetzung ist natürlich, dass Du als Mutter weißt, was Dein Kind lernen muss und wie es ihm emotional dabei geht.

In der Bibel werden wir aufgefordert, »die Lenden unserer Gesinnung zu umgürten« (siehe 1. Petrus 1,13). Warum sagt Petrus das? Vielleicht, weil ihm aufgefallen war, dass zwei von Gott

gewaltig gebrauchte Männer, Mose und Paulus, die am besten
ausgebildetsten Männer der Bibel waren. Denke daran: Gehei-
ligte Bildung ist ein hervorragendes Werkzeug in Gottes Hand!

Zum Nachdenken:
- Welche Einstellung vermittle ich meinem Kind gegenüber
  Schule und Hausaufgaben?
- Aus welchen Gründen sollte ein Kind in der Schule fleißig
  sein?

Impuls für den Tag:

·· • ··

Ich bin davon überzeugt, dass ein
Kind mit durchschnittlicher Intelligenz, aber mit einer unterstützenden,
ermutigenden Mutter zur Seite in der
Schule mehr erreicht als ein superintelligentes Kind, dem nicht gezeigt
wird, dass die Schule wichtig ist.

·· • ··

Kleidung

·····

»Sie fertigt sich Teppiche an;
Byssus und Purpur sind ihr Gewand.
[…] Die Anmut ist Trug,
und die Schönheit Eitelkeit;
eine Frau, die den HERRN fürchtet,
sie wird gepriesen werden.«

Sprüche 31,22+30

Meiner Meinung nach ist das Thema Kleidung nicht das wichtigste der in diesem Buch behandelten Themen. Doch solange wir hier auf der Erde sind, gehört es unvermeidlich zu unserem Leben mit dazu, und so müssen wir uns damit auseinandersetzen. Ich denke, Kleidung ist eines der Dinge, die bei dem Bibelvers »Erkenne ihn auf allen deinen Wegen« (Sprüche 3,6) mit einzubeziehen sind. Es gibt Menschen, die Gott in ihrer Art, sich zu kleiden, erkennen – und es gibt andere, die ihn in dieser Sache entehren.

Bei der Kleidung gibt es zwei Extreme, die beide gemieden werden sollten: Die einen verwenden Stunden ihrer Zeit und Unsummen ihres Geldes für ihre Kleidung und ihr Aussehen. Ein Großteil ihrer Gedanken dreht sich um dieses Thema – und nicht gut auszusehen, ist das Schlimmste, was sie sich vorstellen können. Anderen sind solche Dinge völlig unwichtig, und das sieht man ihnen auch an. Ich denke bei der ersten Gruppe oft an Dr. McQuilkins Auslegung von 1. Petrus 3,3-4, wo uns Frauen gesagt wird:»... deren Schmuck nicht der äußere sei [...], sondern der verborgene Mensch des Herzens in dem unvergänglichen Schmuck des sanften und stillen Geistes, der vor Gott sehr kostbar ist«. Dr. McQuilkin meinte, dass eine Frau für jede Minute, die sie vor dem Spiegel verbringt, zehn Minuten in das Schmücken ihres inneren Menschen investieren sollte. Ich habe diesen pointierten Vorschlag im Gedächtnis behalten, denn das ist es, um was es Petrus hier geht: das Setzen der richtigen Prioritäten. Mit Sicherheit hat man die falschen Werte, wenn man als Frau eine Dreiviertelstunde damit zubringen kann, die farblich passendste Hose auszuwählen – wie ich es einmal von einer sehr gut gekleideten Dame hörte!

Auf der anderen Seite aber werden wir ermahnt, die Lehre Gottes zu »schmücken«, und mit Sicherheit tut nachlässige oder schlampige Kleidung dies nicht. Ruth Graham, die Frau des Evangelisten Billy Graham, war der Ansicht:»Wir sind es den Leuten, die uns anschauen müssen, schuldig, so gut wie möglich auszusehen!« Diese Schuldigkeit haben wir auch gegenüber unserer Familie. Viele Frauen machen sich nur hübsch, wenn sie das Haus verlassen, aber denken nicht daran, dass es für ihren Mann und ihre Kinder auch kein schöner Anblick ist, wenn die Mutter zu Hause nur im Jogginganzug herumläuft. Es ist schade, wenn Dein Mann und Deine Kinder nur außerhalb von zu Hause gepflegte und hübsch angezogene Frauen sehen! Die Sorgfalt, mit der wir uns für unsere Lieben zu Hause zurechtmachen, transportiert eine sehr wichtige Botschaft, nämlich dass sie wirklich die wichtigsten Menschen in unserem Leben sind. Ich denke, Sauberkeit und gepflegte Kleidung sollten Minimal-Ziele für jede Frau sein. Den Gott, der die Lilien bekleidet, wird es sicherlich freuen, wenn wir uns so schmücken, dass wir uns sehen lassen können!

Als Mutter wirst Du das Denken Deiner Kinder in dieser Sache sehr beeinflussen. In der heutigen Gesellschaft wird unangemessen viel Wert auf das Äußere gelegt, die »richtigen« Klamotten und den angesagten Look. Rede mit Deinen Kindern darüber, dass der Mensch zwar auf das Äußere achtet, Gott aber das Herz ansieht (siehe 1. Samuel 16,7). Das kann ein Trost sein, wenn Dein Kind sich vielleicht in der Teenagerzeit nicht so hübsch fühlt oder es manche teuren Kleidungsstücke nicht hat. Aber der Vers enthält auch eine implizite Ermahnung, nämlich auf sein Inneres zu achten, weil Gott es sieht. Unser Verhalten offenbart unser Herz. Einem Kind, das stolz ein neues Kleid bei einer Feier trägt, kann man den Merksatz mitgeben: »Hübsch ist, wer sich entsprechend verhält!«

Ein anderer bedenkenswerter Satz lautet: »Kleider machen keine Frau aus, aber sie zeigen, was für eine Frau sie ist.« Spiegelt die Art, wie Du Dich kleidest, etwas von Gottes Wesen wider? Unterstreicht sie auf gute Weise, dass Du als Frau erschaffen wurdest? Wenn die Leute an Dich denken, was fällt ihnen zuerst ein: Dein Äußeres oder Dein Charakter? Wodurch möchtest Du in erster Linie auffallen? Bete dafür, dass Du Gott auch in diesem Bereich Deines Lebens ehrst und dass Du Deinen Kindern einen gesunden Umgang damit vorleben und vermitteln kannst!

Zum Nachdenken:
- Welchen Stellenwert hat mein Äußeres in meinen Gedanken?
- Wann habe ich mich das letzte Mal »nur« für meine Familie schön gemacht?

Impuls für den Tag:

· · • · ·

Kleider machen keine Frau aus,
aber sie zeigen,
was für eine Frau sie ist.

· · • · ·

Gesundheit

·····

>>Geliebter, ich wünsche,
dass es dir in allem wohl geht
und du gesund bist, wie es
deiner Seele wohl geht.<<

3. Johannes 2

Die Gesundheit ist solch eine wunderbare Sache, dass die meisten sie erst zu schätzen wissen, wenn sie sie verloren haben. Wir haben einen Freund, der oft für die Diener des Herrn betet: »O Herr, gib, dass Soundso sein Bestes für dich geben kann!« Dieses schöne Gebet hat mich immer sehr beeindruckt, denn es gibt Zeiten, in denen wir in Hochform sind, und Zeiten, in denen wir das mit Sicherheit nicht sind. Dann fällt es uns auch viel schwerer, uns für den Herrn einzusetzen. Die Gesundheit spielt einfach eine entscheidende Rolle dabei. Es ist so viel leichter, für den Herrn sein Bestes zu geben, wenn man sich körperlich fit fühlt!

Der Apostel Johannes wünschte seinem Briefempfänger, dass es ihm sowohl körperlich als auch seelisch gut gehen sollte. Gesundheit und alle Maßnahmen, sie zu fördern, dürfen für uns als Christen nicht zur Religion werden, wie das bei vielen Menschen der Fall ist, die Gott nicht kennen. Gesundheit ist nicht das höchste Gut. Aber wir dürfen mit unserem Körper, der ein Tempel des Heiligen Geistes ist, auch nicht nachlässig oder leichtsinnig umgehen. Eine gute Gesundheit für uns und unsere Kinder ist mit Sicherheit ein erstrebenswertes Ziel. Als Mutter hast Du eine Verantwortung dafür, dass der Lebensstil Deiner Familie gesund ist und dass Deine Kinder genug schlafen, sich ausreichend bewegen und sich einigermaßen ausgewogen ernähren.

Im Detail gehen die Meinungen weit auseinander, welche Aktivitäten gesundheitsfördernd sind und welche weniger. Ich will hier deshalb nur drei meiner Ansicht nach wichtige Ratschläge weitergeben. Die ersten beiden betreffen Deine Kinder, der letzte Dich als Mutter:

- Stille Deinen Säugling mindestens sechs Monate lang! Kein menschengemachtes Präparat kann mit der Muttermilch konkurrieren. Gestillte Kinder besitzen nachgewiesenermaßen jahrelang eine bessere Abwehr gegen Krankheiten. Ärzte sagen, dass viel mehr Mütter ihre Kinder stillen könnten, wenn sie es nur ernsthaft versuchen und nicht gleich aufgeben würden.
- Erlaube Deinen Kindern Süßigkeiten nur in Maßen! Süßes scheint – außer nach einer Mahlzeit – ein echter Feind von Appetit und guter Gesundheit zu sein. (Persönlich denke

ich, dass zu viele Süßigkeiten die Ursache von etwa 50 Prozent aller Erkältungen sind.)

- Lerne, innerhalb Deiner eigenen körperlichen Grenzen zu leben! Es gibt einige weise Leute, die ihr Einkommen kennen und entsprechend haushalten. Genauso wissen kluge Menschen, was für ihre Gesundheit das Beste ist und mit wie viel Kraft sie rechnen können, und leben dementsprechend. Andere haben immer Schulden, sie geben also mehr aus, als sie einnehmen. Auch im seelisch-körperlichen Bereich gibt es die, die ständig zu viel machen und irgendwann zusammenbrechen. Diese Menschen arbeiten auf Dauer mehr, als sie sich physisch leisten können. Shakespeares Rat »Kenne dich selbst!« hat hier seine Berechtigung. Besonders tragisch ist so ein Zusammenbruch, wenn man für andere Menschen Verantwortung trägt. Es ist daher sehr wichtig, dass Du als Mutter lernst, wo Deine körperlichen und nervlichen Grenzen liegen, und Deinen Alltag entsprechend einrichtest. Ein Kind hat mehr von einer Mutter, die sich jeden Tag eine Stunde hinlegt, als von einer, die rund um die Uhr arbeitet, sich noch in hundert Zusatz-Aktivitäten verstrickt und schließlich zusammenbricht.

Es gibt noch einen weiteren Punkt, und der ist mit Abstand der wichtigste für die Gesundheit von Mutter und Kind, nämlich: die richtige geistige Einstellung. Es ist erstaunlich, wie viele Krankheiten ihre Wurzeln in zerstörerischen geistigen Prozessen haben! Einige meinen, dass der Prozentsatz von Leiden, die psychosomatisch bedingt sind, zwischen 65 und 85 Prozent liegt. Diese realen, aber nicht greifbaren Krankheiten sind höchst kompliziert zu behandeln. Ein Psychiater, der mit schockgeschädigten, nervenkranken Veteranen des Zweiten Weltkriegs phänomenalen Erfolg hatte, sagte, dass das Neue Testament die beste und gesündeste Medizin für Gesundheit im geistig-seelischen Bereich enthalte.

Es ist so wichtig, dass wir uns selbst und unsere Kinder darin üben, den Frieden Gottes in unseren Herzen regieren zu lassen und die Vergebung und Befreiung von Sünden annehmen, die Christus uns in seinem versöhnenden Tod anbietet. Wenn wir in diesem Bewusstsein leben, dann haben wir die effektivste Maßnahme ergriffen, die es für ein gesundes Klima für Leib, Seele und Geist gibt.

Zum Nachdenken:
· Lebe ich dauerhaft über meiner Belastungsgrenze – und was ist der Grund dafür?
· Wie kann ich darauf achten, dass meine Kinder gesund leben, sprich: genug schlafen, sich viel bewegen und sich ausgewogen ernähren?

Impuls für den Tag:

· · • • · ·

»Herr, gib, dass ich heute mein Bestes
für Dich geben kann!«

· · • • · ·

Geld

·· • ··

»... einen fröhlichen Geber liebt Gott.«

2. Korinther 9,7

Manche sind der Überzeugung, dass Probleme im Umgang mit Geld der größte Stolperstein für Diener des Herrn sind. Die Unfähigkeit, sich in Geldsachen zu einigen, ist auch ein Hauptgrund für familiäre Probleme und Ehescheidungen. Glücklich sind die Menschen, die ihre Mittel beherrschen, anstatt von ihnen beherrscht zu werden! Wie können wir unsere Kinder so erziehen, dass sie in diesem Bereich Gelingen haben? Vielleicht können wir unser Ziel für sie so zusammenfassen: »... das Geld nicht zu lieben, es mit Weisheit auszugeben, großzügig zu geben, klug zu sparen und Schulden zu hassen.« Das ist ziemlich ehrgeizig, aber wir sollten nicht weniger anstreben. Unser eigenes Vorbild in dieser Sache wird die klarste Predigt sein, die unsere Kinder je hören werden. Wenn wir selbst in einem der erwähnten Bereiche schwach sind, sollten wir beten und daran arbeiten, diese Sache zu ändern.

Wieder einmal ist die Bibel unser großer Verbündeter, und wir sollten uns bei jeder sich bietenden Gelegenheit auf sie beziehen. Die oben angeführten Ziele sind nicht willkürlich gewählt, sondern wir wissen aus Gottes Wort, dass diese Dinge ihm wohlgefällig sind. Ein Kind kann wohl nicht oft genug Ratschläge wie diese zu hören bekommen: »Ihr könnt nicht Gott dienen und dem Mammon«; »... die Geldliebe ist eine Wurzel alles Bösen«; »... einen fröhlichen Geber liebt Gott«; »Sammelt euch nicht Schätze auf der Erde, wo Motte und Rost zerstören [...]; sammelt euch aber Schätze im Himmel, wo weder Motte noch Rost zerstören und wo Diebe nicht einbrechen und nicht stehlen«; »Seid niemand irgendetwas schuldig, als nur einander zu lieben« (Matthäus 6,24; 1. Timotheus 6,10; 2. Korinther 9,7; Matthäus 6,19-20; Römer 13,8).

Eine Möglichkeit, Deine Kinder zu guten Verwaltern zu erziehen, besteht darin, dass Du sie über den Wert und die Pflege von Eigentum belehrst. Es gibt wohl kaum einen einfacheren Weg, Geld zu sparen, als den, auf seine Sachen so gut aufzupassen, dass man nicht ständig etwas Neues kaufen muss! Es ist auch sehr wichtig, den Kindern beizubringen, dass man nicht alles haben muss, was man sieht oder was andere haben. Mir gefällt die Reaktion jenes alten Texaners, der in einem Einkaufszentrum in Dallas von einem Verkäufer gefragt wurde, was er kaufen wolle. »Hm«, antwortete der Alte langsam, »ich weiß es nicht, wenn ich so viele Dinge sehe, die ich gar nicht brauche!« Das ist eine hervorragende, erstrebenswerte Einstellung – eine Unabhängigkeit von Dingen, die man sich nicht leisten kann oder die man wirklich nicht braucht. Ein einfacher Geschmack ist eine günstige Voraussetzung, gut mit Geld umzugehen.

Geben ist mit Sicherheit einer der Schlüsselfaktoren im Umgang mit Geld. Ich erzähle gerne folgende Geschichte über einen unserer Söhne. Er war damals sieben Jahre alt, und eine Freundin schenkte ihm einen kleinen ledernen Geldbeutel mit 37 einzelnen Pennys drin. Ich kann mich nicht erinnern, dass er sich jemals über ein Geschenk mehr gefreut hätte als über dieses! Er spielte mit den Pennys wie mit Bauklötzen, legte Muster damit, zählte sie und zählte sie nochmals. Als der Sonntag gekommen war und ich ihn für die Sonntagsschule fertig machte, sagte ich nebenbei zu ihm: »Hans, du nimmst am besten ein paar von deinen Pennys mit, um sie in die Sammlung einzulegen.« Er war auf der Stelle traurig und sagte, dass er auf keinen Fall einen seiner Pennys hergeben wollte. Während ich die anderen Kinder fertig machte, lehrte ich den kleinen Mann eine Lektion über den Vers »Sammelt euch nicht Schätze auf der Erde [...]; sammelt euch aber Schätze im Himmel ...« Ich sagte ihm, dass es ihm nie möglich sein werde, direkt Geld in den Himmel zu schicken. Doch wenn er reich sein wollte, wenn er einmal dort hinkäme, sei die einzige Möglichkeit, den bedürftigen Menschen hier auf der Erde und dem Werk des Herrn etwas zu geben. Hans hörte aufmerksam zu, und ich war schon wieder voll damit beschäftigt, eine Reihe kleiner Kinder zu kämmen und für die Gemeinde fertig zu machen.

Als wir losgingen, bemerkte ich, dass er einen dicken Umschlag dabeihatte. Als ich ihn fragte, was da drin sei, erklärte er, der Umschlag enthalte seine Pennys. Ich versicherte ihm, dass es nicht nötig sei, alle zu geben. Doch der Junge hatte sich entschlossen, jeden einzelnen Penny herzugeben. Ich erklärte ihm sehr offen, dass wenn er sie hergab, er sie nie wieder zurückbekommen würde, auch nicht von mir. Doch er bestand immer noch darauf, alle Pennys wegzugeben. Doch der schönste Teil der Geschichte ereignete sich einige Wochen später, als jemand etwas über den Himmel sagte. Mein Sohn sah mich glücklich an und sagte: »Gell, Mama, ich hab schon 37 Pennys dort oben!« Ich war mir sicher, dass Gottes wunderbare Verwandlungskraft daraus schon reines Gold gemacht hatte!

Möge der Herr uns und unseren Kindern helfen, mit unserem Geld so umzugehen, dass wir uns nicht zu schämen brauchen, wenn wir einmal vor Gott stehen, um Rechenschaft über unsere Finanzen abzulegen!

Zum Nachdenken:
- In welchem Bereich liegen meine größten Herausforderungen: weise ausgeben – klug sparen – großzügig geben – Schulden hassen?
- Wie kann ich meinen Kindern einen guten, biblischen Umgang mit Geld lieb machen?

Impuls für den Tag:

· · ● · ·

Glücklich sind die Menschen, die ihre Mittel beherrschen, anstatt von ihnen beherrscht zu werden!

· · ● · ·

Korrektur

··•·••··

>>Alle Züchtigung aber
scheint für die Gegenwart nicht
ein Gegenstand der Freude,
sondern der Traurigkeit zu sein;
danach aber gibt sie die friedsame
Frucht der Gerechtigkeit denen,
die durch sie geübt
worden sind.<<

Hebräer 12,11

Jemand hat gesagt, Gott könne nicht überall gleichzeitig sein – und darum habe er Mütter gemacht. (Gott ist zwar in der Tat überall gleichzeitig, aber nicht körperlich.) In diesem Spruch ist ein wahrer Kern, denn die Eltern stehen für ihre Kinder in der Verantwortung vor Gott! Die meisten Eltern sind überrascht, wie viel Sündhaftigkeit in ihren kleinen, goldigen Kindern steckt! Es ist nun ihre Aufgabe, den Kindern durch ihre Worte und durch ihr Verhalten zu zeigen, wie Gott ist.

Gott bestraft Ungehorsam. Je früher unsere Kinder lernen, dass das ganze Universum Gottes Gesetzen gehorcht und dass diese Gesetze nicht ungestraft gebrochen werden können, umso glücklicher und besser wird ihr Leben verlaufen. Eine wichtige Lektion, die man als Eltern seinen Kindern beibringen sollte, ist mit Sicherheit diese: »Sünde zahlt sich nie aus. Man zahlt dabei immer drauf, sie ist der teuerste Artikel auf dem Markt.« Am einprägsamsten lernen Kinder das, wenn sie entsprechende Folgen für ihr Fehlverhalten zu spüren bekommen. Es gibt eine große Bandbreite von Ansichten darüber, welche Methoden dafür am besten geeignet sind. Letztlich hängt es nicht an der Methode, denn Eltern mit den verschiedensten Methoden haben sehr gut erzogene Kinder gehabt. Aber eine faire und effektive Reaktion wird immer durch folgende drei Kriterien gekennzeichnet: Liebe, Konsequenz und Selbstbeherrschung.

»Wer [seinen Sohn] *lieb hat*, sucht ihn früh heim mit Züchtigung«, sagt die Bibel (Sprüche 13,24). Auch Gott erzieht und züchtigt den, den er liebt (siehe Hebräer 12,6). Liebe und Korrektur sind keine Gegensätze, sondern gerade *weil* wir unsere Kinder lieben, müssen wir auch auf ihr Fehlverhalten reagieren. Es wäre lieblos, sie ihrem eigenen bösen Herzen zu überlassen. Alle Korrektur, die Eltern vornehmen, muss ihren Ursprung in der Liebe haben.

In der Bibel heißt es, dass Gott sich nicht verändert und dass keines Wechsels Schatten bei ihm ist (siehe Jakobus 1,17). Wir Menschen – vielleicht besonders wir Frauen? – sind da leider oft ganz anders! Wenn wir einen guten Tag haben, sind wir geduldig und fröhlich, am nächsten Tag vielleicht ungeduldig und mürrisch. Aber wir sollten auf diese göttliche Beständigkeit hinarbeiten, damit unsere Kinder wissen, womit sie zu rechnen haben. Wenn ein Kind einmal sein Bett nicht macht und wir sagen nichts, sondern machen es selbst, und ein anderes Mal tadeln wir das Kind für die gleiche Sache, dann lernt es überhaupt nichts – außer, wie launenhaft wir sind. Viele Probleme wären gelöst, wenn das Kind sicher wüsste:»Meine Mutter meint immer das, was sie sagt. Sie ist konsequent und verlässlich.« Dann kommt Bestrafung für das Kind nie überraschend, und es braucht deswegen auch keine Angst vor ihr zu haben.

Zu guter Letzt kommt die Selbstkontrolle. Keine Strafe darf im Zorn oder aus Rache gegeben werden, sondern immer nur in aller Ruhe und Fairness. Ich glaube, ich kann ehrlich sagen, dass mir keine Strafe leidtut, die ich gelassen und ruhig verhängt habe. Aber ich könnte weinen wegen der vielen Male, wo ich impulsiv und unüberlegt gestraft habe, wo es unberechtigt war! Besser wäre es gewesen, aus dem Zimmer zu gehen, ruhig zu werden, zu beten und dann die Sache zu ordnen.

Es scheint mir, dass die sogenannte »körperliche Züchtigung« kaum noch notwendig ist, sobald ein Kind eine vernünftig denkende Person geworden ist.»… [der] sucht ihn früh heim mit Züchtigung«, sagt das Buch der Sprüche. Wenn man verhindern will, dass ein dreijähriges Kind sich losreißt und auf die Straße rennt, dann sollte das Kind bis dahin Gehorsam gelernt haben. Eine freundliche, aber konsequente Reaktion bringt sicherlich mehr als stundenlange Diskussionen und Schimpfen! Wenn ein Zwölfjähriger keine Lust hat zu lernen, kann es effektiv sein, ihm einen erwarteten Sonderwunsch zu versagen. Es gibt unterschiedliche Arten, wie man Kinder durch Bestrafung etwas lehren kann. Manchmal hat es den gewünschten Effekt gebracht, ein schlampiges Kind einen Aufsatz über das Thema »Wie wichtig Ordnung ist« schreiben zu lassen. Manche finden es gut, das Kind seine Strafe aussuchen zu lassen – eine, die ihm helfen wird, das Gebot nicht wieder zu brechen. Wofür auch immer Du Dich entscheidest: Es ist wichtig – vor allem bei kleinen Kindern –, dass ein enger zeitlicher Zusammenhang zwischen dem Vergehen und der Strafe besteht und das Kind nachvollziehen kann, warum es bestraft wird. Danach muss zwischen Euch alles wieder »in Ordnung« sein, einen Liebesentzug darf es auf keinen Fall geben.

Ich möchte mit einem Vers schließen, der mir oft eine Ermahnung gewesen ist: »Und ihr Väter, reizt eure Kinder nicht zum Zorn, sondern zieht sie auf in der Zucht und Ermahnung des Herrn« (Epheser 6,4). Bei aller notwendigen Zurechtweisung sollte es unser Ziel sein, unsere Kinder nicht zum Zorn zu reizen, sondern sie zu ermutigen und nicht zu entmutigen! Das Leben ist schwer, selbst unter idealen Umständen. Unsere Kinder sollten sich später deshalb immer an den Glauben, die Hoffnung und die Liebe ihrer Eltern erinnern können, die sie aufhoben, wenn sie gefallen waren, und neuen Mut zum Weitergehen gaben.

Zum Nachdenken:
- Was hat Bestrafung mit Liebe zu tun?
- Was kann ich tun, wenn es mir schwerfällt, meinen Kindern gegenüber konsequent zu sein?

Impuls für den Tag:

·· • ··

Eine faire und effektive Bestrafung
wird immer durch Liebe,
Konsequenz und Selbstbeherrschung
gekennzeichnet sein.

·· • ··

·····

Denn wen
der Herr liebt,
den züchtigt er;
er geißelt aber
jeden Sohn,
den er aufnimmt.

·····

Hebräer 12,6

Fernsehen

»Wende meine Augen ab, dass sie
Eitles nicht sehen! Belebe mich in
deinen Wegen!«

Psalm 119,37

Mit Sicherheit ist die Existenz des Fernsehens eines der größten Probleme, mit denen Eltern heute konfrontiert sind. Vielleicht ist es eine Hilfe, wenn ich die Erfahrungen, die wir als Familie auf diesem Gebiet gemacht haben, weitergebe:

Nicht allzu lange nach unserer Rückkehr vom Missionsfeld ins Heimatland war es uns finanziell möglich, ein Fernsehgerät zu kaufen. Mein Mann und ich dachten, dass es vielleicht richtig wäre, das zu tun. So riefen wir die Kinder zusammen und sprachen mit ihnen offen über die Vor- und Nachteile. Wir erwähnten die guten, pädagogisch wertvollen Sendungen und sagten ihnen auch, dass es im Fernsehen vieles gibt, das unserer Meinung nach schädlich ist. Wir sprachen auch über den Einfluss von Werbung. Dann redeten wir ausführlich über den Vers: »Und wenn deine rechte Hand dir Anstoß gibt, so hau sie ab …« (Matthäus 5,30). Wir erklärten den Kindern, dass es besser ist, ohne eine so gute Sache wie die rechte Hand zu leben, wenn sie einen irgendwie von Gott wegbringt. Daraufhin beteten wir.

Danach baten wir die Kinder, uns zu sagen, was sie ehrlich für den Willen Gottes in dieser Sache hielten – nicht, was sie selber gerne wollten. »Meint ihr, wir könnten einen Fernseher im Haus haben und damit gut umgehen, oder würden wir davon beherrscht werden, sodass er uns schadet?«, fragten wir sie. Die Kinder überlegten. Hans, unser 12-Jähriger, antwortete als Erster, und ich erinnere mich, dass er etwa Folgendes sagte: »Ich hätte einen Fernseher lieber als alles andere in der Welt! Aber ich glaube nicht, dass wir einen kaufen sollten. In den ersten Monaten passen wir vielleicht noch auf, was wir uns ansehen, aber über kurz oder lang schauen wir uns bestimmt alles an. Ich bin schon größer, ich glaube wirklich nicht, dass es mir schaden würde. Aber ich denke, dass es Jürgen (er war damals 5 Jahre alt) ziemlich weltlich machen würde!« Die anderen Kinder stimmten ihm traurig zu. So war die Entscheidung gefallen, dass wir erst einmal weiter ohne Fernsehen leben würden. Nachdem das Gespräch vorbei war, raunte mein Mann mir erstaunt zu: »Wir haben sie besser erzogen, als ich dachte!«

Etwa 6 Monate später erschien Richard (9 Jahre) zum Frühstück mit der Nachricht, dass er immer noch wegen der Sache mit dem Fernseher beten würde. Sein Eindruck sei nun, Gott könnte vielleicht »Ja« dazu sagen. Das brachte uns dazu, das Ganze noch einmal zu überdenken und um weitere Führung zu beten.

Beim nächsten Weihnachtsfest bekamen wir schließlich unseren Fernseher, weil wir bis dahin zu dem Schluss gekommen waren, es wäre richtig für uns. Mein Mann machte aber sehr deutlich, dass es nur auf Probe sein würde – das erste Mal, wo jemand unkontrolliert fernsehen würde, würden wir das Gerät wieder verkaufen!

Bevor wir ihn das erste Mal anschalteten, nahmen wir uns Zeit zum Gebet, und dann versprach jeder, die folgenden Regeln einzuhalten:

1. Kein Fernsehen, bevor die Hausaufgaben, alle andere Aufgaben sowie die Familienandacht beendet sind!
2. Wenn möglich, werden bildende Sendungen den unterhaltenden Sendungen vorgezogen!
3. Am Sonntag bleibt das Fernsehen aus!
4. Wenn Werbung für Alkohol oder Tabak kommt, wird sofort abgeschaltet!

Über das Gerät hängten wir folgende Zeilen:

Die Sünde sieht so hässlich aus,
Beim ersten Blick kommt Dir der Graus!
Doch siehst Du sie oft, gewöhnst Du dich dran,
Du findest sie nett und siehst sie schließlich gerne an!

Ich kann leider kaum beurteilen, wie erfolgreich wir mit unserer Strategie waren, denn nach nur einem Jahr kehrten wir aufs Missionsfeld nach Costa Rica zurück, wo es damals keine Fernseher gab. In dieser Hinsicht war das Leben dort einfacher, weil wir uns nicht mit dieser Frage auseinandersetzen mussten.

Ich persönlich glaube, dass es für das Problem »Fernsehen« und seinen Einfluss auf unsere Familien keine einfache Lösung gibt. Man muss sich einfach damit auseinandersetzen und darüber beten. Dieses Kapitel hat seinen Zweck erfüllt, wenn es dazu führt, dass Du Dir der Gefahr des Fernsehens für Deine Kinder mehr bewusst wirst und zusammen mit Deinem Mann ernsthaft Gottes Willen in dieser Sache suchst.

Zum Nachdenken:
- Welchen Stellenwert haben Filme in unserem Familienleben?
- Beherrschst Du den Fernseher – oder er Dich?

Impuls für den Tag:

..•..

Siehst Du die Sünde oft,
gewöhnst Du dich daran,
Du findest sie nett und
siehst sie schließlich gerne an!

..•..

Familienandacht

·· • • ··

»Und diese Worte,
die ich dir heute gebiete,
sollen auf deinem Herzen sein.
Und du sollst sie
deinen Kindern einschärfen ...«

5. Mose 6,6-7

Die meisten Christen sind sich darin einig, dass es für eine gläubige Familie unbedingt wichtig ist, eine Familienandacht zu haben. Eine Familie, die miteinander betet, hält zusammen und kann auch schwere Zeiten durchstehen. Doch wie schafft man es, neben allen anderen Verpflichtungen auch noch regelmäßige Andachten zu haben? Wie alt müssen die Kinder dafür sein? Und wie können Eltern diese Zeit so gestalten, dass sie den Kindern etwas bedeutet? Nichts hat mir bei diesem Thema so sehr geholfen wie die Erfahrung von anderen Familien. Wenn man sich oft mit anderen

Christen über dieses Thema austauscht, bekommt man immer wieder neue Ideen und kann die Art der Andacht dem Alter und den Interessen der Kinder anpassen.

Eine Familie mit fünf quirligen Jungen zum Beispiel hatte die Angewohnheit, sich jeden Morgen vor dem Frühstück im Wohnzimmer zu treffen. Hier las man ein kurzes Stück aus einem Andachtsbuch, dann aus der Bibel, anschließend betete die Familie zusammen. Andere Familien halten jeden Abend so etwas wie einen einfachen Anbetungsgottesdienst direkt nach dem Essen, bei dem sie zusammen singen und den Tag mit einem kurzen Gedanken aus Gott Wort beschließen. Andere lesen ihren kleinen Kindern im Bett aus einer Kinderbibel vor und beten dann. Andere wieder betonen sehr den Wert des Auswendiglernens und lernen zusammen mit ihren Kindern Bibelstellen auswendig. Eine Familie setzte für jedes Kind, das Römer 12 auswendig aufsagen konnte, eine kleine Geldsumme als Belohnung aus. Wochenlang arbeiteten sie während ihrer Familienandacht zusammen an diesem Kapitel. Eine andere Idee ist, regelmäßig Themenabende mit den Kindern zu veranstalten, bei denen alle gemeinsam untersuchen, was die Bibel zu bestimmten Alltagsthemen sagt. Mit etwas Geschick und einem leckeren Essen können Eltern diese Abende zu echten Highlights machen, auf die sich die Kinder schon lange vorher freuen.

Wie auch immer Ihr es in Eurer Familie handhabt: Der entscheidende Punkt ist, dass Ihr Euch nicht allein auf die Gemeinde verlassen dürft, was die Sorge um die geistliche Erziehung Eurer Kinder betrifft. Die Bibel gibt eindeutig *den Eltern* die Hauptverantwortung für die Vermittlung geistlicher Wahrheiten: »Und du sollst sie deinen Kindern einschärfen und davon reden, wenn du in deinem Haus sitzt und wenn du auf dem Weg gehst und wenn du dich niederlegst und wenn du aufstehst« (5. Mose 6,7).

Ein weiterer Punkt ist die Regelmäßigkeit. Besondere Aktionen (wie der beschriebene Themenabend oder das längere Nachspielen einer biblischen Geschichte in den Ferien) ersetzen nicht die tägliche Andacht. Es ist hilfreich, einen Zeitpunkt im Tagesablauf zu finden, an dem die Familienandacht immer stattfindet, anstatt sie dann zu machen, »wenn es passt« (denn dann wird man am Ende des Tages oft feststellen müssen, dass es leider mal wieder den ganzen Tag lang nicht »gepasst« hat). Es ist schön, wenn der Vater die Familienandacht leiten kann, aber es wird oft genug der Fall sein, dass er nicht da ist und Du als Mutter seine Rolle einnehmen musst. Achte darauf, dass die Kinder den wichtigsten Gedanken des Bibelabschnitts verstehen und Du im Gebet die aktuellen Sorgen und Dankesanliegen Deiner Familie vor Gott bringst. Ermutige die Kinder, sich rege zu beteiligen, Fragen zu stellen, selber zu beten oder eigene Anliegen zu sagen. Familienandacht ist keine lästige Pflicht, sondern kann eine sehr wertvolle Zeit für alle sein. Natürlich wird es immer mal besser oder schlechter laufen, man wird mal mehr oder weniger Zeit haben und die Kinder (und Eltern!) werden nicht immer gleich engagiert bei der Sache sein. Wichtig ist, trotz allen Hochs und Tiefs »dranzubleiben« und einen beständigen »Familienaltar« im Haus zu haben.

Viele junge Eltern fragen sich, wann sie mit der Familienandacht anfangen sollten. »Jetzt!« ist in jedem Fall eine gute Antwort.

Wenn ein junges Ehepaar nach dem Essen aus einem Andachtsbuch liest, kann das junge Kleinkind dabeisitzen, auch wenn es noch nichts versteht. Es sieht, dass die Eltern beten und lesen – das ist schon sehr viel. Wenn die Andacht nicht ewig ausgedehnt wird, können auch die kleinen Kinder der Familie dabei sitzen bleiben und zuhören. Es ist nicht sehr geschickt, sie früher zum Spielen aufstehen zu lassen und dann, wenn sie etwas älter geworden sind, zu verlangen, am Tisch sitzen zu bleiben. Die wenigsten Probleme hat man dann, wenn die Kinder von klein auf daran gewöhnt sind, dass die Andacht zum Essen dazugehört.

Kinder, die ihre ganze Kindheit hindurch Familienandachten erlebten, sagen später oft, dass sie dort mehr über die Bibel und das Christsein gelernt haben als in allen Sonntagsschulstunden zusammen. Nutzt als Eltern deshalb diese enorme Chance, Eure Kinder geistlich zu prägen und ihnen einen Schatz für ihr Leben mitzugeben. Und: Die Wahrscheinlichkeit ist groß, dass sie es bei Euren Enkeln genauso machen werden!

Zum Nachdenken:
- Von welcher Familie könnte ich praktische Anregungen und Tipps zur Gestaltung unserer Familienandacht bekommen?
- Was kann ich als Mutter tun, um dazu beizutragen, dass wir als Familie regelmäßig eine gewinnbringende Andachtszeit zusammen haben?

Impuls für den Tag:

·· • ··

Die Bibel gibt eindeutig den Eltern
die Hauptverantwortung für die
Vermittlung geistlicher Wahrheiten.

·· • ··

»Ich denke, wir können den gesamten christlichen Wettlauf als einen Staffellauf ansehen, in dem die Wahrheit wie ein Staffelstab von Generation zu Generation weitergegeben wird. Die Wolke der Zeugen schaut nicht nur auf uns als Individuen, sondern auch als Mitglieder der nächsten Reihe, die dafür verantwortlich ist, den Staffelstab der Wahrheit weiterzugeben und ihn nicht fallen zu lassen. Der erste Ort, an dem diese Weitergabe geschieht, ist die Familie.«

(aus: »What is a family« von Edith Schaeffer)

Hausarbeit

····•··

»Ich will nun, dass jüngere Witwen heiraten, Kinder gebären, den Haushalt führen ...«

1. Timotheus 5,14

Es gibt – vereinfacht gesagt – zwei Arten von Menschen auf der Welt: die von Natur aus ordentlichen und die von Natur aus lässigen (um nicht zu sagen »schlampigen«). Aus der Beobachtung weiß ich, dass jeder Typ seine eigenen Herausforderungen mit sich bringt, und es fällt schwer zu sagen, wer mehr unter seinem eigenen Charakter zu leiden hat.

Die ordentliche Hausfrau und Mutter muss in der Regel darum kämpfen, dass sie sich nicht zur Sklavin ihres eigenen Haushalts macht. Keine Familie fühlt sich wohl, wenn die Mutter ständig nach einer Perfektion ringt, die es auf dieser Erde nicht gibt. Eine Frau mit dieser Veranlagung muss sich immer wieder daran erinnern, dass das Wesentliche an ihrem Zuhause nicht die Abwesenheit von Staub ist und dass es Wichtigeres gibt, als jeden Tag das selbst gesteckte, höchst ambitionierte Arbeitspensum zu schaffen. Sie muss sich dazu zwingen, flexibel zu bleiben und auf die aktuellen Nöte und Wünsche ihrer Familie einzugehen.

Diese Frau muss lernen, dass sie mehr gute Werke für Gott tun kann, wenn sie nicht immer den Anspruch an sich selbst stellt, alles perfekt zu machen. Wenn jeder Deiner Gäste ein 3-Gänge-Menü serviert bekommen muss und ein Hauskreistreffen in Deinem Wohnzimmer wochenlange Vorbereitung erfordert, dann bleibt Dein Wirkungskreis als Frau sehr eingeschränkt!

Auf der anderen Seite ist die etwas gleichgültige Mutter, die sich immer daran erinnern muss, dass »Sauberkeit gleich nach Frömmigkeit kommt« und dass die Einhaltung eines Plans und Disziplin in der Haushaltsführung äußerst wichtig sind. Ob es ihr leichtfällt oder nicht: Sie muss sich notfalls dazu zwingen, das Heim für ihre Familie sauber, ordentlich und gemütlich zu halten. Sie darf nicht immer irgendeine andere Ausrede vorschieben, damit sie gerade heute nicht zu kochen braucht oder das Staubsaugen noch etwas warten kann. »Ich bin halt nicht so ein häuslicher Typ, und Hausarbeit macht mir keinen Spaß!«, entschuldigt nicht das Vernachlässigen einer gottgegebenen Aufgabe, nämlich den Haushalt zu führen (1. Timotheus 5,14; Titus 2,5; Sprüche 31).

Hier haben wir wieder einen Fall, bei dem es darum geht, die »goldene Mitte« zu finden. Wir möchten, dass unsere Wohnungen einladend, freundlich und ordentlich sind, aber wir wollen uns nicht zu deren Sklaven machen. Die Menschen in unserem Haus sind wichtiger als das Haus selbst, und doch sind das Haus und seine Pflege äußerst wichtig für die Menschen, die darin leben. Es ist unsere Aufgabe als Frauen, aus dem »Haus« ein »Heim« zu machen, in das jedes Familienmitglied gerne nach Hause kommt und in dem Besuch sich wohlfühlt.

Es gibt bei der Hausarbeit keine besondere Tugend oder Gabe, die benötigt wird – nur Ausdauer ist gefragt! Wo auch immer unsere Schwäche liegt: Wir sollten ihr nie nachgeben oder aufhören zu versuchen, sie zu überwinden. Vielleicht bist Du nicht die beste Köchin, aber Du solltest weiterhin üben, Rezepte studieren und nie sagen, dass Dir dieser Bereich nicht wichtig sei. Kochen ist wichtig und macht für das Familienleben viel aus! »Mama, was gibt's heute zu essen?«, gehört zu den am häufigsten gestellten Fragen der Kinder im Alltag. Wenn Du nicht einsiehst, dass man in diesen Bereich Zeit und Kraft investieren muss, dann studiere in Deiner Bibel, in wie vielen Situationen der Herr Jesus beim Essen zu Menschen gesprochen hat. Eine schöne Tischgemeinschaft ist einfach ein wunderbarer Rahmen für geistliche Gespräche. Aber jemand muss bereit sein, dafür zu planen, einzukaufen, sauber zu machen, zu kochen und alles vorzubereiten. Sieh doch diese Arbeit als eine geistliche Tätigkeit an!

Es ist interessant, dass verheiratete Männer die Fähigkeit einer Frau, den Haushalt zu führen, viel wichtiger einstufen als alleinstehende Männer. Eine gute Hausfrau ist für ihre eigene Familie und die Besucher in ihrem Haus ein großer Segen! Kein Mann kommt auf Dauer gerne nach Hause, wenn er weiß, dass dort immer das pure Chaos auf ihn wartet, Kinder bringen nicht gerne Freunde mit, wenn sie sich für ihr Zuhause schämen, und ein seelsorgerliches Gespräch am Küchentisch wird schwierig, wenn die ganze Umgebung Unordnung und Lieblosigkeit ausstrahlt. Es gibt ein Bibelwort, das auf viele Dinge im Leben angewandt werden kann, aber nirgends so gut passt wie hier: »Erkenne ihn auf allen deinen Wegen« (Sprüche 3,6). Mit Sicherheit kann uns der Herr in unserer Schwachheit helfen, und wir sollten ihm und unserer Familie zuliebe bei unserer Arbeit zu Hause unser Bestes geben!

Wenn der Herr ein Schiff gebaut hätte, würde es elegant segeln.
Wenn Jesus ein Dach gedeckt hätte, wäre es wasserdicht.
Wenn Jesus einen Garten gepflanzt hätte, wäre er ein Paradies.
Wenn Jesus mein Tagewerk tun würde, würde es seines Vaters Augen freuen.

Zum Nachdenken:
- In welchem Bereich der Hausarbeit könnte ich Fortschritte machen?
- Wie empfinden mein Mann und meine Kinder unser Zuhause?

Impuls für den Tag:

· · • · ·

Es ist unsere Aufgabe als Frauen,
aus dem »Haus« ein »Heim«
zu machen, in das jedes Familienmitglied gerne nach Hause kommt
und in dem Besuch sich wohlfühlt.

· · • · ·

Dienst außer Haus

·····

>»Wenn aber jemand
für die Seinen und besonders
für die Hausgenossen nicht sorgt,
so hat er den Glauben
verleugnet und ist schlechter
als ein Ungläubiger.«

1. Timotheus 5,8

So ziemlich alle Frauen, die den Vorteil einer höheren Schulbildung haben und mit bestimmten Begabungen beschenkt sind, tendieren dazu, dem täglichen Einerlei des Hausfrauenalltags und der Mutterschaft entfliehen zu wollen. Sie hoffen, außer Haus eine interessantere oder nützlichere Betätigung zu finden. Ist es nicht Verschwendung, seine Gaben und sein Potenzial hauptsächlich in die eigene Familie zu investieren? Viele gläubige Frauen würden zwar nicht für eine weltliche Karriere oder persönliche Hobbys ihre Familie vernachlässigen, aber was ist mit den geistlichen Aufgaben in Gemeinde und Evangelisation? Sind die nicht wichtiger als die Arbeit zu Hause? Vielleicht muss sich keine andere Gruppe von Müttern mit dieser Frage so sehr auseinandersetzen wie die Frauen von Pastoren, Vollzeitlern und Missionaren. Dies ist keine Sache, in der man dogmatisch oder urteilend sein darf, weil die Möglichkeiten und Kräfte von Frau zu Frau unterschiedlich sind. Aber vielleicht kann ein persönliches Zeugnis von mir eine Hilfe sein.

Im Jahr vor meiner Hochzeit hatte ich die schöne Aufgabe, jede Woche 1700 Kinder in der Bibel zu unterrichten. Dann kam das erste Jahr unserer Ehe auf dem Missionsfeld, ausgefüllt mit dem Erlernen der neuen Sprache und der Ankunft unseres ersten Babys. Eine zuverlässige Haushaltshilfe war unglaublich günstig zu haben, und so war es eine einfache Sache für mich, jeden Nachmittag Kinderstunde zu halten. Eines Nachmittags kam ich abgekämpft und zu spät nach Hause, das Baby schrie, ein erschöpfter Mann kam ebenfalls heim, und das Abendessen war einfach nichts Richtiges. Ich kann es nicht erklären, aber plötzlich hatte ich einen dieser Geistesblitze, die mein Leben veränderten. Es wurde mir deutlich, dass ein gutes Familienleben kein Boxkampf in zwei Ringen sein kann, wie es bei uns bisher gewesen war. Also musste entweder mein Mann oder ich die Missionsarbeit tun, der andere musste zu Hause bleiben und sich schwerpunktmäßig um unser Heim und die Familie kümmern. Es war nicht sehr schwer, zu erkennen, wer welche Aufgabe hatte!

Seitdem habe ich das Gefühl, dass der Herr mir eine Art Muster gegeben hat: Meine beiden vorrangigen Aufgaben sind: zu beten und mich um die Familie zu kümmern – alles andere ist sekundär. Was auch immer ich in den nächsten Jahren an christlichem Dienst tat: Ich versuchte, diese Dienste so zu legen, dass die Kinder dann entweder in der Schule oder im Bett waren. Das wenige, was ich tat, sollte auch nie in Konflikt geraten mit dem Dienst meines Mannes. Ein anderer Teil meiner Strategie war, Wege zu finden, mit den Kindern zusammen zu dienen und Zeugnis zu geben, wobei unser Zuhause die Basis bildete. Zum Beispiel versuchte ich, den Menschen Zeugnis zu geben, die an unsere Haustür kamen, ich verteilte mit den Kindern auf der Straße Traktate oder ich organisierte verschiedenste Gebetstreffen bei uns zu Hause. Gott gibt sicherlich jeder Mutter, die den Wunsch hat, ihm zu dienen, auch Möglichkeiten, über ihre eigene Familie hinaus ein Segen zu sein. Aber sie sollte nie ihre erste Berufung – nämlich Ehefrau und Mutter zu sein – zugunsten von zweitrangigen Aufgaben vernachlässigen.

Die Wahrheit ist, dass wenn man zu Hause seine Sache wirklich gut machen will – Hausaufgaben, Gespräche, Kleidung, Ernährung, Haushalt und vieles mehr –, sehr wenig Zeit und Kraft bleibt, viel anderes zu tun. Frustgefühle werden weniger, wenn man den Frieden hat, dass man in diesen Jahren genau das tut, was man tun soll. Ein wunderbarer Vers, der einer Mutter bestätigt, dass sie, wenn sie sich um ihre Kinder kümmert, genau das Richtige tut, steht in 1. Timotheus 5,8: »Wenn aber jemand für die Seinen und besonders für die Hausgenossen nicht sorgt, so hat er den Glauben verleugnet und ist schlechter als ein Ungläubiger.«

Einen anderen Gedanken, der uns zu Hause bei unseren Familien halten will, hat Laura Rockefeller zum Ausdruck gebracht: »Die Kinder sind meine kostbaren Edelsteine – für eine Zeit lang mir geliehen, damit ich sie zurückgebe, wenn der Ruf kommt.« 18 Jahre bis zur Volljährigkeit sind keine Ewigkeit! Wenn wir mehrere Kinder haben, werden es gerade ungefähr 25 von unseren etwa 75 Jahren sein, die wir in die Kinder investieren können. Die meisten von uns werden noch gute 20 Jahre danach haben, um die sogenannte »christliche Arbeit« zu tun. Doch nie wird die Gelegenheit wiederkehren, unsere Kinder zu erziehen und zu formen.

Ich habe noch nie gehört, dass eine Mutter einen einzigen Augenblick jener Zeit, die sie für ihre Kinder geopfert hat, bereute. Aber ich habe viele gesehen, die alles in der Welt geben würden, wenn sie das Rad der Zeit zurückdrehen und sich selbst in den »goldenen Jahren« für ihre Kinder hingeben könnten. In dieser Zeit sind die Anwesenheit, Liebe und Führung einer Mutter einfach unersetzbar.

Zum Nachdenken:

· Fällt es mir schwer, im Moment meine Hauptaufgabe zu Hause zu sehen und dafür andere Dinge zu streichen? Warum ist das so?

· Welche Dienste könnte ich für Gott tun, bei denen mein Zuhause die Basis bildet?

Impuls für den Tag:

· · • · ·

Gott gibt sicherlich jeder Mutter,
die den Wunsch hat, ihm zu dienen,
auch Möglichkeiten, über ihre
eigene Familie hinaus ein Segen
zu sein. Aber sie sollte nie ihre
erste Berufung – nämlich Ehefrau
und Mutter zu sein – zugunsten
von zweitrangigen Aufgaben
vernachlässigen.

· · • · ·

»Die Bandbreite der Dienstmöglichkeiten für uns Frauen ist sehr groß. Wo sollen wir anfangen? Gott ist es äußerst wichtig, dass wir ihm so dienen, wie er es will, und nicht, wie wir uns den Dienst vorstellen. Auch darin bringen wir den Gehorsam gegenüber seinen Geboten zum Ausdruck. Was meine ich damit? Gott segnet ein Leben, das nach biblischen Prioritäten gelebt wird. Das Gute und Richtige am falschen Platz ehrt Gott nämlich nicht.«

(aus: »Die Frau in der Gemeinde«
von Sylvia Plock)

Lesen

·····

»Bring dein Herz her zur
Unterweisung, und deine Ohren
zu den Worten der Erkenntnis.«
»Habe ich dir nicht Vortreffliches
aufgeschrieben an Ratschlägen
und Erkenntnis …?«

Sprüche 23,12 und 22,20

Eine Hausfrau und Mutter mit einem großen Haushalt hat wahrscheinlich alle Hände voll zu tun, kann aber bei aller körperlicher Arbeit sehr leicht geistig verarmen. Der Mann ist häufig einen großen Teil des Tages außer Haus, trifft interessante Leute und hat den Anreiz neuer Ideen. Wenn die Frau aber nicht aufpasst, wird sich ihr Horizont bald auf so außerordentlich Wichtiges wie das Zahnen des Kleinkindes oder die Noten der Schulkinder beschränken. Manche Frauen suchen sich Tätigkeiten außer Haus, um diese geistige Beschränktheit zu vermeiden. Ein wenig davon schadet sicher nicht, aber ich glaube nicht, dass darin grundsätzlich die Lösung liegt. Ein Haushalt läuft einfach nicht so gut, wenn die Mutter nicht die meiste Zeit des Tages zu Hause ist. Die vorbildhafte Frau in Sprüche 31 hat die Vorgänge in ihrem Haus überwacht (Vers 27); dies ist nur schwer möglich, wenn man dauernd unterwegs ist.

Die Auswahl guter Radio- und Fernsehprogramme mag helfen, doch meiner Meinung nach gibt es nichts Wertvolleres als ein gutes Buch, um die Spinnweben vom Gehirn zu entfernen und keinen »Schimmel anzusetzen«. Francis Bacon hatte recht mit seinem Satz: »Lesen macht Menschen vielseitig.« Und jemand anders hat treffend festgestellt, dass unsere Konversation seicht wird, wenn wir drei Tage lang nichts lesen.

Wenn der Mann müde nach Hause kommt, ist es ihm sicher lieber, ein paar erbauliche Worte über einen spannenden Artikel zu hören, als zu erfahren, wie oft ein Kind die Milch verschüttet hat. Ich erinnere mich, dass mir eine Freundin erzählte, wie sie eines Tages einer Mutter mit acht Kindern beim Spülen half. Die Freundin bemerkte über diese Frau: »Ihre Hände waren im Spülwasser, aber ihr Kopf war bei der politischen Lage Europas.« Wie beeindruckend! Auch wenn Du einen großen Teil des Tages zu Hause bist, solltest Du doch wissen, was die Welt um Dich herum beschäftigt.

Oft wird Zeitmangel als Grund für fehlendes Lesen angegeben. Doch Lesen kann, wie Gebet, eine Oase der Erfrischung zwischen den Arbeitsstrecken werden. Nach dem Essen für ein paar Minuten mit einem guten Buch auf der Couch zu liegen, ist eine Art von Pause, die die Nachmittagsarbeit um so vieles erleichtert! Selbst wenn man auf diese Weise nur 10 Minuten am Tag liest, wird man innerhalb eines Jahres eine ganze Reihe von Büchern gelesen haben. Es ist sicher anstrengender, abends in einem Buch zu lesen, als sich einen Film anzuschauen. Doch die Mühe lohnt sich.

Auch hier trifft zu, was für viele Bereiche des Lebens gilt: Wir können nur das behalten, was wir weitergeben. Ein Großteil der Freude beim Lesen besteht darin, sich mit anderen über den Inhalt eines Buches auszutauschen. Wir können das Leben unserer Kinder und Ehemänner sehr bereichern, wenn wir ihnen das weitergeben, was wir an guten Gedanken aus einem Buch behalten haben.

Lesen erweitert den Horizont. Wer nur das Hier und Jetzt und die Probleme des eigenen Lebens kennt, ist geistig sehr arm. Biografien ermöglichen einen Blick in das Denken, die Umstände und die Zeit eines anderen Menschen. Du wirst Dein eigenes kleines Leben in einem ganz anderen Licht sehen und über Gottes Möglichkeiten staunen, wenn Du Dich mit geistlichen Männern und Frauen vergangener Zeiten beschäftigst. Wenn Du weißt, wie Käthe Luther gelebt hat, Susannah Spurgeon, Gladys Aylward, Elisabeth Elliot, Erdmuthe Dorothea von Zinzendorf, Ida Scudder, Corrie ten Boom – um nur mal einige Frauen zu nennen –, dann wird das Dein eigenes Leben enorm bereichern. Suche also nach Büchern, die Dich weiterbringen und im Glauben stark machen.

Manche Bücher haben allerdings auch einen schlechten Einfluss. Es gibt diese kiloschweren Romane, die eine solche Sogwirkung auf ihre Leser entfalten, dass manche alles um sich herum vergessen und völlig in der an und für sich völlig belanglosen Handlung des Buches leben. Wenn Du in dieser Gefahr stehst, fange so ein Buch gar nicht erst an – oder reserviere es Dir für den Urlaub, wenn Du wirklich Zeit zum stundenlangen Lesen hast.

In einem früheren Kapitel wurde die Armut an Freunden erwähnt. Eine andere schreckliche Armut ist die eines Nichtlesers. Doch warum viele Worte machen? Die Mütter, die solche Ratschläge brauchen, würden nie dieses Buch lesen. Also gehe weiter auf dem Weg, den Du bereits eingeschlagen hast!

Zum Nachdenken:
- Welche Biografie hat mich am stärksten beeindruckt?
- Welche Bücher möchte ich in diesem Jahr lesen?

Impuls für den Tag:

· · • · ·

Wir können das Leben
unserer Kinder und Ehemänner
sehr bereichern, wenn wir
ihnen das weitergeben,
was wir an guten Gedanken
aus einem Buch behalten haben.

· · • · ·

Alter

· · · · ·

»Und bis in euer Greisenalter bin ich derselbe, und bis zu eurem grauen Haar werde ich euch tragen; ich habe es getan, und ich werde heben, und ich werde tragen und erretten.«

Jesaja 46,4

Eine der schwersten Prüfungen für eine Mutter kommt in ihren reiferen Jahren auf sie zu. Diejenige Frau ist in der Tat ungewöhnlich, der es gelingt, eine gute Schwiegermutter zu sein und die letzten Jahre ihres Lebens zur Freude ihrer Familie und anderer Menschen zu nutzen. Eine der unbeschreiblichen Freuden der Mutter kleiner Kinder besteht darin, dass man sich von denen, die man liebt, so benötigt fühlt. Man wird einfach gebraucht. Doch plötzlich sind die Kinder selbstständig – und zu erkennen, dass sie einen nicht mehr nötig haben, ist für eine Mutter oft ein ziemliches Problem.

Psychologen sagen, dass man schon mit dreißig anfangen sollte, sich geistig mit dem Alter auseinanderzusetzen. Wenn man das getan hat, dann ist die Schlacht wahrscheinlich schon halb gewonnen. Eine Frau, die ich kannte, war ein glänzendes Vorbild darin, in Würde alt zu werden. Einmal sagte sie mir: »Im Alter erntet man die Gedankenmuster der jungen Jahre. Das bedeutet, dass eine Frau, die sich in ihrer Jugend nie erlaubt hat, selbstmitleidig und empfindlich zu sein, viel besser ausgerüstet ist, den Problemen des mittleren und hohen Alters zu begegnen. Im Alter wird man weder besser noch schlechter, nur noch mehr so, wie man eben ist.« Auch im Alter gilt: Geben ist seliger als Nehmen, und die, welche anderen dienen, sind einfach am glücklichsten. Es ist so etwas Schönes zu sehen, wenn ein alter Mensch seine begrenzte Kraft einsetzt, um die Last anderer zu erleichtern!

Ein Weg, wie Du Dich schon jetzt aufs Alter vorbereiten kannst, ist, Dich an eine einfache Wahrheit zu erinnern: Deine Kinder sind nur Leihgaben. Sie gehören Dir nicht wie irgendein Besitz, den Du bis an Dein Lebensende behältst. Unsere Kinder zahlen uns ihre Schuldigkeit, wenn sie einmal ihr eigenes Leben leben und dann so für ihre Familien da sind, wie wir sie erzogen haben. Unser Part ist, daran zu denken, dass die Jahre, in denen wir unsere Kinder anpredigen konnten und sie auf uns hören mussten, vorbei sind. Wenn wir die Gelegenheit, unsere Kinder zu formen, früher versäumt haben, müssen wir einsehen, dass sie jetzt vorbei ist.

Man sollte auch, soweit es möglich ist, wirtschaftlich fürs Alter vorsorgen. So viele Probleme können vermieden werden, wenn man fürs Alter so viel beiseitegelegt hat, dass man unabhängig ist! Dies scheint mir aus der Bemerkung des Paulus hervorzugehen, dass die Kinder nicht für die Eltern Schätze sammeln sollen, sondern die Eltern für die Kinder. Eine andere Möglichkeit, sich aufs Alter vorzubereiten, ist, schon früh Interessen, Aktivitäten und Freunde zu sammeln, damit einmal durch den Weggang der Kinder keine Lücke entsteht.

»Vorsorge ist besser als Heilung« – dieser Satz gilt mit Sicherheit auch für alle Schwiegermutter-Probleme! Eine der einfachsten Maßnahmen zur Vermeidung von Problemen ist ein wenig Abstand. Das chinesische Schriftzeichen für »Unglücklichsein« zeigt ein Dach mit zwei Frauen darunter. Natürlich gibt es ein paar leuchtende Beispiele, die Ausnahmen zu dieser Regel bilden. Doch mit Sicherheit finden die meisten Frauen, seien sie 20 oder 60 Jahre alt, das Leben leichter, wenn sie die Möglichkeit haben, ihren Haushalt selbst zu führen. Wenn es aus verschiedenen Gründen nicht möglich ist, die Haushalte zu trennen, dann mag es andere Lösungen geben, aber sie erfordern in jedem Fall mehr Gnade und Geduld auf beiden Seiten!

In Samuel Brengles Tagebuch finden wir folgenden Eintrag aus dem »Dezember« seines Lebens: »O Herr, indem ich alt werde, hilf mir, deine Gedanken und deinen Willen für mich zu erkennen. Ich erkenne, dass jede Lebensphase – Kindheit, Mannesalter, Alter – ihre eigenen Probleme mit sich bringt. Hilf mir, die Geheimnisse des Alters zu verstehen. Ich bin diesen Weg zuvor noch nie gegangen. Hilf mir, weise zu sein, keine Fehler zu machen, nüchtern, geduldig, hoffnungsvoll und unerschrocken zu sein. O Herr, wenn das Alter von mir Besitz ergreift, bewahre mich vor zwei Lastern: einerseits vor den nörgelnden, kritischen, kleinlichen Gewohnheiten, in die so viele Alte verfallen – andererseits vor dem weichen, nachlässigen Geist. Lass mich nicht jetzt ganz am Schluss irregehen. Lass mich nicht in die noch so kleine Torheit fallen, die – wie die Fliege in einem Gefäß Salböl – die Wirkung eines dir geweihten Lebens zerstört. Hilf mir, o Herr!«

Über das Werk älterer Menschen könnte ein hervorragendes Buch geschrieben werden. Wir sollen ja auch *den Ausgang* des Lebens unserer Führer anschauen und so ihrem Glauben nacheifern (siehe Hebräer 13,7). Mose schrieb die erhebenden Abschnitte des 5. Buches Mose und Paulus seine Gefängnisbriefe kurz vor dem »Perlentor«. Wie wunderbar ist es, wenn man den guten Kampf bis zum Ende kämpfen darf!

Zum Nachdenken:
- Welche Frage beschäftigt mich, wenn ich an mein eigenes Altwerden denke?
- Was will ich von alt gewordenen Freunden lernen?

Impuls für den Tag:

· · • · ·

Im Alter wird man weder besser noch schlechter, nur noch mehr so, wie man eben ist.

· · • · ·

Versagen

·····

»Denn der Gerechte fällt siebenmal und steht wieder auf …«

Sprüche 24,16

Vielleicht fühlen sich manche, die dieses Buch lesen, entmutigt. Es mag sein, dass sich keine Mutter in ihrer Rolle hundertprozentig ausgefüllt fühlt. Alle Mütter haben irgendwo Schwierigkeiten und erleben, dass sie in manchen Bereichen versagen.

Für viele unserer Schwachpunkte gibt es eine göttliche und eine menschliche Lösung. Man kann seine Mängel bis zu einem gewissen Grad durch kluge Unterstützung ausgleichen. Zum Beispiel kann eine Mutter, die selbst nicht nähen kann, dafür sorgen, dass ihre Tochter Nähstunden bekommt. Oder ein Vater, der nichts von Sport versteht, kann seinen Sohn zu einem sportlichen Freund bringen, der den Jungen in diesem Bereich fördert. Oder wenn eine Frau nicht gerne kocht, kann sie einen Kochkurs belegen. Aber es gibt auch Schwächen und Arten von Versagen, die nicht so leicht zu beheben sind. Da weiß ich keine andere Hilfe als Gott selbst.

Es gibt ein Bild, das ich vor Jahren einmal beschrieben bekam. Es ist mir immer wieder eingefallen, wenn ich mich von meinen eigenen Schwächen und Fehlern überwältigt fühlte. Und zwar war in einer großen Textilfabrik ein Schild angebracht, auf dem stand: »Wenn sich die Fäden verwickeln, hole den Vorarbeiter!« Immer wieder kam es vor, dass einer der Weber vergeblich mit dem Gewirr der in sich verschlungenen Fäden kämpfte, als zufällig der Vorarbeiter vorbeikam. Dieser zeigte dann in der Regel auf das große Schild und fragte: »Warum hast du mich nicht gleich geholt?« Und in wenigen Augenblicken hatte der richtige Mann das Fadengewirr wieder gelöst.

Die Anwendung ist offensichtlich. Gott hat uns gesagt, dass wir ihn rufen sollen, wenn sich die Fäden unseres Lebens verknoten und wir uns verrannt haben. Er kann unser Durcheinander entwirren und alles in Ordnung bringen. Gott ist eine sehr gegenwärtige Hilfe in Zeiten der Schwierigkeiten. Alle Menschen brauchen Gott, aber keiner braucht ihn so brennend wie eine Mutter!

Es scheint, als sei es Gottes Spezialität, unsere Fehler wiedergutzumachen und »Krummes« geradezubiegen. In gewisser Weise bedeutet Erlösung genau das: Gott kommt herunter vom Himmel und tut für uns das, was wir nicht selbst tun können. Er nimmt den Menschen in seiner Sünde und schenkt ihm ewige Errettung. Ich denke gerne über die verschiedenen Personen der Bibel nach, um zu begreifen, wie oft Gott Fehler zu etwas Gutem, Fluch in Segen, Sünde in Errettung verwandelt. Was könnte für eine Mutter tröstlicher sein, als zu wissen, dass sie es mit einem Gott zu tun hat, dessen Stärke in ihrer Schwachheit groß wird und dessen Gnade weit größer ist als ihre Sündhaftigkeit?

Ich kenne eine Mutter, die jahrelang darüber traurig war, dass sie bei der Erziehung ihrer Kinder so versagt hatte. Sie erzählte mir, nur Gott selbst wisse, wie viel sie in ihrer Verzweiflung schon vor ihm geweint hatte. Es war aber wunderbar zu sehen, wie Gott die Fehler dieser Mutter gebrauchte, um dadurch Gutes für andere zu bewirken. Ja, ich habe sogar schon erlebt, dass Gott etwas so Schreckliches wie das Fallen in eine moralische Sünde dazu benutzte, etwas Positives zu schenken. Denke daran: Es gibt keine so bedauernswerte Situation, die Gott nicht zu Deinem Besten und zu seiner Ehre verwenden könnte! Diese Erkenntnis soll die Sünde nicht verharmlosen oder relativieren, sondern Gottes Gnade groß machen.

Oft kommt mir folgende Liedstrophe in den Sinn, die eigentlich das ideale Gebet für Mütter ist:

Lieber Herr, nimm diese verworrenen Fäden auf,
Wo wir umsonst gearbeitet haben,
Damit durch die Macht deiner liebenden Hand
Etwas Schönes übrig bleiben möge,
Verwandelt von deiner göttlichen Gnade.
Dir soll die Ehre gehören!

Wenn wir irgendetwas Gutes oder Wertvolles an unseren Kindern erkennen, möge Gott uns helfen, immer daran zu denken: »Alle Ehre gehört Ihm!«

Zum Schluss möchte ich noch folgenden Gedanken weitergeben, den Dr. McQuilkin oft gesagt hat. Er meinte, es wäre sinnvoll, wenn man sich als Christ seiner Fehler und Schwächen bewusst sei. Man könnte sie sogar hin und wieder einmal auflisten, um demütig zu bleiben. Doch wie die Liste auch immer aussehen würde – sie müsste in jedem Fall mit den zwei triumphierenden Worten schließen: »GOTT ABER!«

Zum Nachdenken:
- Wo kämpfe ich mit den »verworrenen Fäden« meines Lebens, anstatt den »Vorarbeiter« zu holen?
- Traue ich Gott zu, dass er auch aus den verfahrensten Situationen etwas Gutes machen kann, wenn ich mich an ihn wende und bereit bin, ihm zu gehorchen?

Impuls für den Tag:

· · • · ·

Alle Menschen brauchen Gott,
aber keiner braucht ihn so brennend
wie eine Mutter!

· · • · ·

Besondere Schwierigkeiten

····

»… damit, wenn auch einige dem
Wort nicht gehorchen, sie durch
den Wandel der Frauen ohne Wort
gewonnen werden mögen …«

1. Petrus 3,1

Als Amy Carmichael eines ihrer wertvollsten Bücher für Menschen in Schwierigkeiten schrieb, betete sie, dass für jeden, der es lesen sollte, doch irgendetwas Hilfreiches dabei sein möge. Das Haus der Leiden hat viele Räume, und sie wollte keinen übersehen. Ich bin mir bewusst, dass dieses kleine Büchlein nicht einmal annähernd all die Probleme seiner Leserinnen abdecken kann. Zum Schluss möchte ich aber doch noch zwei besondere Schwierigkeiten von Müttern erwähnen: eine gespaltene Familie und Kinder, die sich nicht normal entwickeln.

Obwohl das Thema der gespaltenen Familie durch Gottes Gnade nie ein persönliches Problem für mich war, habe ich fast zwei Jahre lang wöchentlich mit einer betroffenen Mutter gebetet. Ich habe daher das Gefühl, bis zu einem gewissen Grad an ihren Prüfungen teilgehabt zu haben. Diese lateinamerikanische Frau erlebte vor vier Jahren eine wunderbare Bekehrung. Natürlich war es danach ihr Herzenswunsch, dass auch ihr Mann und ihre Kinder ihren Heiland kennenlernen sollten. Sie wollte so gerne eine treue Zeugin sein, sie redete und argumentierte und versuchte förmlich, ihre Familie ins Reich Gottes zu zwingen. Die Familie war schon halb auseinander, als eine gläubige Freundin sie eindringlich bat, ihr Verhalten zu ändern. Sie legte ihr nahe, an den Abenden, an denen ihr Mann zu Hause war, nicht zur Gemeinde zu gehen, weniger vom Evangelium zu reden und es dafür umso mehr vorzuleben. Die Veränderung daraufhin war so eindeutig, dass ihr Mann wissen wollte, wer es gewesen sei, der sie dazu gebracht hatte, ihre Taktik zu ändern. Er meinte, dass ihm die neue Methode viel lieber sei!

Bis heute hat der Mann sich noch nicht öffentlich zum Glauben bekannt, doch er hört sich übers Radio das Evangelium an und hat mehrere Hausgottesdienste besucht. Er erlaubt den Kindern, die Sonntagsschule zu besuchen und auf christliche Freizeiten zu fahren. Das Beste von allem ist, dass er seine Frau wieder mehr liebt und dass ihre Ehe nicht mehr in Gefahr ist. Und ich hoffe, dass bei der Menge von Gebeten, die für ihn zum Himmel steigen, es nicht mehr lange dauern wird, bis die ganze Familie in Christus vereinigt ist!

Die beiden Waffen einer Mutter in dieser Situation heißen Gebet und Liebe. Es ist für sie ein Ding der Unmöglichkeit, ihren ungläubigen Mann zu sehr zu lieben! Wenn wir jemanden wirklich lieben, dann haben wir einen immensen Einfluss auf ihn. Manche von uns betrügen sich selbst, weil sie meinen, sie würden um Christi willen leiden, obwohl sie in Wirklichkeit nur wegen ihrer eigenen Selbstsucht in Schwierigkeiten stecken. Die Freundin, die ich vorhin erwähnte, gestand, dass sie sogar gerne mit ihrem Mann gestritten hatte. Es war ein echter geistlicher Kampf für sie, eine liebevolle und sich unterordnende Ehefrau werden zu wollen, so wie Gott es von ihr erwartete. Denke daran: So schwer Dein Weg mit einem ungläubigen Ehemann auch ist, »Gott aber vermag jede Gnade gegen euch überströmen zu lassen, damit ihr in allem, allezeit alle Genüge habend, überströmend seid zu jedem guten Werk« (2. Korinther 9,8).

Das zweite Thema betrifft kranke oder behinderte Kinder. Gottes Wege sind in dieser Sache oft schwer zu verstehen. »Warum sollte Gott einem gläubigen Ehepaar, das stundenlang für sein ungeborenes Kind gebetet hat, ein Baby schenken, das behindert ist?«, so fragen wir uns traurig. Tausende Familien haben das schon erlebt, und noch mehr müssen die Erfahrung machen, dass eines ihrer Kinder durch Krankheit oder Unfall sein Leben lang geschädigt bleibt. Christen zu allen Zeiten mussten damit fertigwerden. In der Regel leiden die Kinder selbst wenig, aber ihre Familien machen ohne Zweifel viel durch.

Ein Satz kommt mir in diesem Zusammenhang immer in den Sinn: »Wenn man es annimmt, findet man Frieden.« Wenn man aufblicken und sagen kann: »Herr, ich habe nicht darum gebeten, und ich verstehe es nicht, aber ich glaube immer noch, dass du die Liebe bist. Ich danke dir dafür und preise dich.« Wenn man das tut, kehrt Friede ein. Oft scheint es, dass die, welchen solcher Kummer anvertraut ist, die schönsten und besten Lektionen überhaupt lernen. Gott mutet ihnen viel zu, aber er hilft auch tragen. Der Sohn des Menschen ist durch Leiden vollkommen gemacht worden. Hätte es einen besseren Weg gegeben, hätte er ihn gewählt. In unserem Leben ist es manchmal ähnlich.

O, mein geliebtes Kind, ob ich dich über grüne Weiden führe, zu stillen Wassern oder durchs Feuer, wirst du mir vertrauen?
Wirst du mich lieben und preisen?
Kein geschickter Vogel bin ich, o liebster Herr, dass ich überall in jedem Wetter kraftvoll fliegen kann! Ich liege am Boden. Und doch habe ich keine Angst, denn ich werde mich emporschwingen, deine Liebe wird mir Flügel geben, gepriesener Herr. So antworte ich, ich bete an, ich liebe und preise dich, ich vertraue dir.
(aus: »Angel Unaware« von Dale Rogers)

Zum Nachdenken:
- Was fällt mir leichter: über das Evangelium zu reden oder es vorzuleben?
- Mit welchem Ziel könnte Gott die Schwierigkeiten, unter denen ich in meinem Leben zu leiden habe und die ich nicht ändern kann, zugelassen haben?

Impuls für den Tag:

· · • • ·

»Wenn man es annimmt, findet man Frieden« (siehe auch Römer 8,28).

· · • • ·

Nancy Leigh DeMoss

Lügen, die wir Frauen glauben

Uns Frauen geht es oft wie Eva. Wir alle erleben Niederlagen und Versagen, Sorgen und Aufregungen. Wir alle kennen Selbstsucht, Gereiztheit, Wut, Neid und Bitterkeit. Aber wie gern wollten wir noch einmal neu anfangen und in Frieden und Harmonie leben.

In ihrem Buch stellt Nancy Leigh DeMoss dar, in welchen Bereichen Christinnen dem Betrug am häufigsten glauben: Lügen über die eigene Person, über die Sünde, über die Ehe, über Gefühle oder die Lebensumstände.

Nancy Leigh DeMoss zeigt, wie wir von Bindungen frei werden und Gottes Gnade, Vergebung und überfließendes Leben haben können. Denn es gibt eine wirksame Waffe, um die Lügen des Teufels abzuwehren und zu besiegen: Gottes Wahrheit!

CLV · gebunden · 256 Seiten · ISBN 978-3-86699-211-5